KB207586

EBS 중학

뉴런

| 과학 3 |

실전책

| 기획 및 개발 |

오창호

| 집필 및 검토 |

강충호(경일중) 김청해(용강중) 박권태(건대사대부중) 박지영(세종과학고) 윤용근(송내중앙중) 이유진(동덕여중) 조용근(봉일천고)

| 검토 |

계호연 김경은 김태훈 류버들 오현선 이재호 정미진 조향숙 박재영 박지연 소정신 안성경 이설아 조민아

EBS

2022 개정 교육과정 적용

시작이 반!
제대로 시작하자

고등 예비과정
ENTER

고 등
입문서
NO.1

고등
예비
과정

o 모든 교과서를 한 권에 담아 단숨에!

o 고1 내신을 위한 교과 핵심 내용을 빠르고 쉽게!

o EBS 무료강의 & AI 푸리봇으로 학습 효율을 최대로!

▶ 공통국어/공통수학/공통영어/한국사/통합사회/통합과학 발간

EBS 중학

뉴런

| 과학 3 |

실전책

Structure 이 책의 구성과 특징

실전책

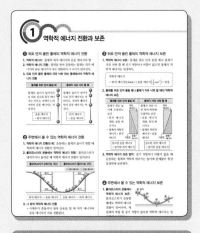

중단원 개념 요약

표와 그림을 통해 중단원의 중요 개념을
요약하여 다시 한 번 확인할 수 있습니다.

중단원 실전 문제

실제 평가에 자주 등장하는 유형의 문제는
'중요' 표시를 하였습니다.

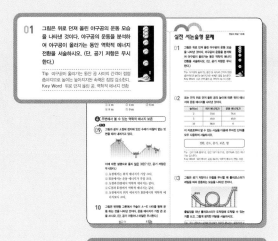

실전 서논술형 문제

서논술형 문제를 풀기 위한 'Tip'과 'Key
Word'를 이용하여 실제 평가에 대비하는
연습을 합니다.

Contents 이 책의 차례

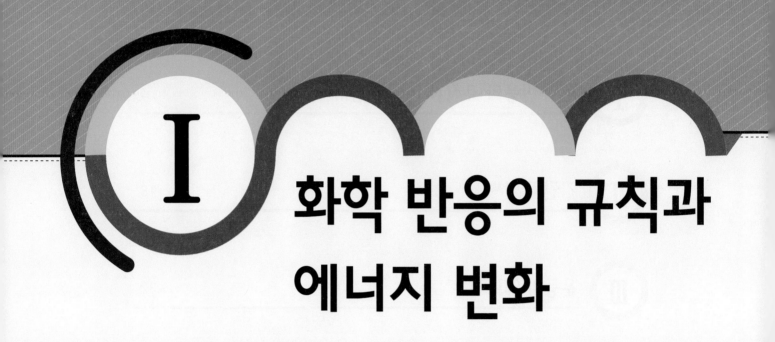

I

화학 반응의 규칙과 에너지 변화

1 물질 변화

❶ 물리 변화와 화학 변화

1. 물리 변화

(1) 물리 변화: 물질의 성질은 변하지 않으면서 물질의 모양이나 상태가 변하는 현상

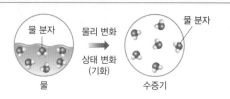

- 물질을 구성하는 분자의 종류가 변하지 않는다.
  ➡ 물질의 성질이 변하지 않는다.
  ➡ 물질을 구성하는 원자의 종류와 개수가 변하지 않는다.
- 분자의 배열만 변한다.
  ➡ 물질의 모양이나 상태가 변한다.

(2) 물리 변화의 예
① 모양 변화: 컵이 깨진다, 종이를 오린다, 빈 음료수 캔을 찌그러트린다. 등
② 상태 변화: 아이스크림이 녹는다(융해), 유리창에 김이 서린다(액화). 등
③ 용해: 설탕이 물에 녹는다. 등
④ 확산: 향수 냄새가 퍼진다, 물에 잉크가 퍼진다, 꽃향기가 퍼진다. 등

2. 화학 변화

(1) 화학 변화: 어떤 물질이 성질이 다른 물질로 변하는 현상

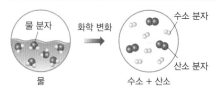

- 원자 사이의 결합이 끊어지고 원자 사이에 새로운 결합이 형성된다. ➡ 원자의 배열이 변한다.
- 원자 사이의 새로운 결합에 의해 분자의 종류가 달라진다.
  ➡ 물질의 성질이 변한다.
- 화학 변화가 일어나도 원자들의 재배열만 일어날 뿐, 원자의 종류와 개수는 변하지 않는다.

(2) 화학 변화의 예
① 빛과 열 발생: 나무가 빛과 열을 내며 탄다, 양초가 빛과 열을 내며 탄다. 등
② 색, 냄새, 맛 변화: 철이 녹슨다, 깎아 놓은 사과의 색이 변한다, 김치가 시어진다, 음식물이 부패한다,

가을이 되면 단풍잎이 붉은색으로 변한다. 등
③ 앙금 생성: 석회수에 이산화 탄소를 넣으면 뿌옇게 흐려진다. 등
④ 기체 발생: 상처에 과산화 수소수를 바르면 거품이 발생한다. 등

❷ 화학 반응과 화학 반응식

1. 화학 반응: 화학 변화가 일어나는 과정
(1) 반응물: 화학 반응에 참여하는 물질
(2) 생성물: 화학 반응 후에 만들어진 새로운 물질
(3) 화학 반응이 일어나면 물질을 이루는 원자의 종류와 수는 변하지 않지만, 원자의 배열이 달라져 반응 전 물질과 다른 새로운 물질이 생성된다.

2. 화학 반응식: 화학식을 이용하여 화학 반응을 나타낸 식

3. 화학 반응식을 나타내는 방법

1단계	• 화살표의 왼쪽에는 반응물을, 화살표의 오른쪽에는 생성물을 쓴다. • 반응물이나 생성물이 두 가지 이상이면 각 물질을 '+'로 연결한다.
2단계	• 반응물과 생성물을 화학식으로 나타낸다.
3단계	• 반응 전후에 원자의 종류와 개수가 같도록 화학식 앞의 계수를 맞춘다. • 계수는 간단한 정수로 나타내고, 1일 때는 생략한다.

4. 화학 반응식으로 알 수 있는 것: 반응물과 생성물의 종류, 원자의 종류와 개수, 계수비(분자 수의 비)
예 메테인의 연소 반응

모형과 화학 반응식	CH_4 + $2O_2$ ⟶ CO_2 + $2H_2O$ 메테인　　산소　　　이산화 탄소　　물			
물질의 종류	반응물		생성물	
	메테인	산소	이산화 탄소	물
원자의 종류	탄소 원자, 수소 원자	산소 원자	탄소 원자, 산소 원자	수소 원자, 산소 원자
분자의 종류	메테인 분자	산소 분자	이산화 탄소 분자	물 분자
계수비	1 :	2 :	1 :	2
분자 수비	1 :	2 :	1 :	2

중단원 실전 문제

1 물질 변화

01 다음은 콩이 메주가 되는 과정을 나타낸 것이다.

> (가) 콩을 삶는다.
> (나) 삶은 콩을 찧는다
> (다) 모양을 빚는다.
> (라) 발효되어 메주가 된다.

이에 대한 설명으로 옳은 것은?

① (가), (라)는 물리 변화이다.
② (나), (다)는 분자 배열만 달라진다.
③ (나), (라)는 원자의 재배열이 일어난다.
④ 콩을 삶는 것은 모양이 변하지 않으므로 물리 변화이다.
⑤ 삶은 콩을 찧는 것은 크기와 형태가 변하므로 화학 변화이다.

02 〈보기〉는 물질 변화가 일어날 때 나타나는 여러 가지 현상을 나타낸 것이다.

> ┤ 보기 ├
> ㄱ. 색깔이 변한다.　　ㄴ. 앙금이 생성된다.
> ㄷ. 기체가 발생한다.　　ㄹ. 빛과 열이 발생한다.
> ㅁ. 물질의 상태가 변한다.

화학 변화에서 볼 수 있는 현상만을 모두 고른 것은?

① ㄱ, ㄴ
② ㄱ, ㄹ
③ ㄴ, ㄷ, ㅁ
④ ㄱ, ㄴ, ㄷ, ㄹ
⑤ ㄴ, ㄷ, ㄹ, ㅁ

03 중요 그림은 물이 수소와 산소로 분해되는 과정을 모형으로 나타낸 것이다.

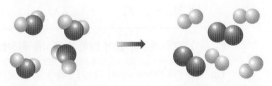

반응 전후에 변하지 <u>않는</u> 것을 모두 고르면? (정답 2개)

① 원자의 개수
② 원자의 배열
③ 원자의 종류
④ 분자의 종류
⑤ 분자의 개수

2 화학 반응과 화학 반응식

04 중요 그림은 나트륨(Na)과 염소 기체(Cl_2)가 반응하여 염화 나트륨(NaCl)을 생성하는 과정을 모형으로 나타낸 것이다.

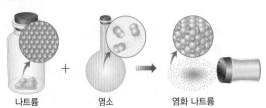

나트륨　　　　염소　　　　염화 나트륨

이에 대한 설명으로 옳지 <u>않은</u> 것은?

① 반응물은 나트륨과 염소이다.
② 생성물은 염화 나트륨이다.
③ 위 반응은 $2Na + Cl_2 \longrightarrow 2NaCl$로 표현할 수 있다.
④ 염화 나트륨은 나트륨과 염소의 성질을 모두 지닌다.
⑤ 두 종류의 물질이 반응하여 한 종류의 새로운 물질이 생성된다.

05 화학 반응식을 나타내는 방법으로 옳은 것은? (정답 2개)

① 화살표의 오른쪽에 반응물을 쓴다.
② 화살표의 왼쪽에 생성물을 쓴다.
③ 반응물이 두 가지 이상이면 각 물질을 '+'로 연결한다.
④ 화살표 좌우의 원자의 종류와 개수가 같도록 화학식 앞에 계수를 붙인다.
⑤ 계수는 간단한 정수비로 나타내고, 0은 생략할 수 있다.

06 다음은 수소와 산소가 반응하여 물을 생성하는 반응을 화학 반응식으로 나타낸 것이다.

> $$2H_2 + O_2 \longrightarrow 2H_2O$$

이에 대한 설명으로 옳은 것은?

① 반응물은 물과 산소이다.
② 생성물은 두 가지 이상의 물질이다.
③ 반응이 일어나면 전체 분자 수는 증가한다.
④ 반응 전후 수소 원자의 개수는 변하지 않는다.
⑤ 반응이 일어나면 산소의 원자 수는 감소한다.

07 그림은 메테인의 연소 반응을 모형으로 나타낸 것이다.

메테인의 연소 반응을 화학 반응식으로 바르게 표현한 것은?

① $4HC + 2O \longrightarrow 2HO + 2OC$
② $H_4C + O_2 \longrightarrow OH_2 + O_2C$
③ $CH_4 + O_2 \longrightarrow H_2O + CO_2$
④ $CH_4 + 2O_2 \longrightarrow 2H_2O + CO_2$
⑤ $CH_4 + 2O_2 \longrightarrow H_2O_2 + CO_2$

08 다음은 나트륨과 물의 반응을 화학 반응식으로 나타낸 것이다.

$$2Na + 2H_2O \longrightarrow 2NaOH + H_2$$

이에 대한 설명으로 옳지 <u>않은</u> 것은?

① 반응물은 나트륨과 물이다.
② 반응이 일어나면 기체가 발생한다.
③ 반응이 일어나면 전체 분자 수는 줄어든다.
④ 반응 전후 수소 원자의 개수는 변하지 않는다.
⑤ 2개의 물 분자가 반응하면 2개의 수소 분자가 생성된다.

[09~10] 다음은 어떤 반응을 모형으로 나타낸 것이다.

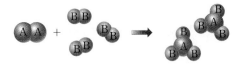

09 이에 대한 설명으로 옳지 <u>않은</u> 것은? (단, A와 B는 임의의 원소 기호이다.)

① 2개의 A 원자는 A_2 한 분자를 형성한다.
② 2개의 B 원자는 B_2 한 분자를 형성한다.
③ 반응이 일어날 때 원자의 재배열이 일어난다.
④ 1개의 A_2 분자가 모두 반응하면 생성물은 2분자가 생성된다.
⑤ 3개의 B_2 분자가 모두 반응하면 2개의 B_3 분자가 생성된다.

10 이 반응을 화학 반응식으로 나타내시오.

실전 서논술형 문제

01 〈보기〉는 주변에서 볼 수 있는 물질 변화의 예이다.

┤ 보기 ├
ㄱ. 식물이 광합성을 통해 양분을 만든다.
ㄴ. 얼음물이 든 컵의 표면에 물방울이 맺힌다.
ㄷ. 자전거를 오랜 시간 타지 않고 놓아두면 붉은 녹이 슨다.

〈보기〉의 물질 변화를 2가지로 분류하고, 분류한 기준을 서술하시오.

Tip 물질 변화는 물질의 성질이 변하지 않는 물리 변화와, 물질의 성질이 변하는 화학 변화로 구분할 수 있다.
Key Word 물질의 성질, 변화 여부, 물리 변화, 화학 변화

_____

_____

02 그림은 과산화 수소의 분해 반응을 모형이다.

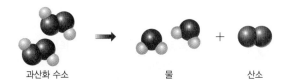

위 반응을 화학 반응식으로 나타내고, 반응물과 생성물의 원자의 종류와 개수를 비교하여 서술하시오.

Tip 과산화 수소의 화학식은 H_2O_2, 물의 화학식은 H_2O, 산소의 화학식은 O_2이다.
Key Word H_2O_2, H_2O, O_2, 원자의 종류와 개수

_____

_____

03 메테인은 공기 중의 산소가 불충분한 경우 다음과 같이 불완전 연소하여 일산화 탄소와 수증기를 생성한다.

$$2CH_4 + (\quad)O_2 \longrightarrow (\quad)CO + (\quad)H_2O$$

( ) 안에 계수를 넣어 화학 반응식을 완성하시오.

Tip 반응 전후 원자의 종류와 개수가 변하지 않고 일정하다.
Key Word 탄소 원자, 수소 원자

2 질량 보존 법칙

❶ 질량 보존 법칙

1. 질량 보존 법칙: 화학 반응이 일어날 때 반응물의 전체 질량은 생성물의 전체 질량과 같다. ➡ 화학 반응이 일어날 때 물질을 이루는 원자의 배열만 달라질 뿐 원자가 새로 생기거나 없어지지 않기 때문

2. 앙금 생성 반응에서의 질량 변화

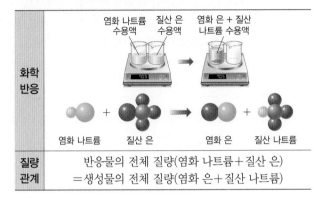

화학 반응	
질량 관계	반응물의 전체 질량(염화 나트륨＋질산 은)＝생성물의 전체 질량(염화 은＋질산 나트륨)

3. 기체 발생 반응에서의 질량 변화

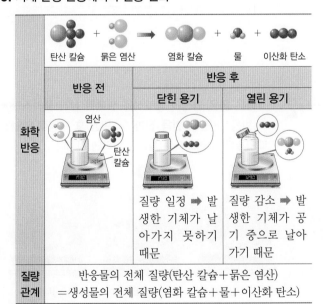

	반응 전	반응 후	
		닫힌 용기	열린 용기
화학 반응			
		질량 일정 ➡ 발생한 기체가 날아가지 못하기 때문	질량 감소 ➡ 발생한 기체가 공기 중으로 날아가기 때문
질량 관계	반응물의 전체 질량(탄산 칼슘＋묽은 염산)＝생성물의 전체 질량(염화 칼슘＋물＋이산화 탄소)		

4. 연소 반응에서의 질량 변화
　(1) **강철 솜의 연소:** 반응 전보다 질량이 증가하는 것으로 측정되지만, 결합한 기체의 질량을 고려하면 반응 전후에 물질의 전체 질량은 같다.
　(2) **나무의 연소:** 반응 전보다 질량이 감소하는 것으로 측정되지만, 발생하는 기체의 질량을 고려하면 반응 전후에 물질의 전체 질량은 같다.

중단원 실전 문제

❶ 질량 보존 법칙

중요
01 질량 보존 법칙에 대한 설명으로 옳지 <u>않은</u> 것은?
① 물리 변화가 일어날 때 적용된다.
② 화학 변화가 일어날 때 적용된다.
③ 반응 전후의 반응물과 생성물의 전체 질량이 같다.
④ 원자의 배열이 달라져도 분자의 수는 변하지 않으므로 성립한다.
⑤ 반응이 일어날 때 원자의 종류와 개수가 변하지 않기 때문에 성립한다.

02 그림은 염화 나트륨 수용액이 들어 있는 비커와 질산 은 수용액이 들어 있는 비커의 질량을 측정하고, 두 용액을 섞어 흰색 앙금이 생성된 후 다시 질량을 측정하는 모습을 나타낸 것이다.

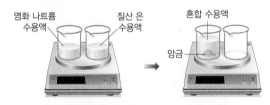

위 실험에서 확인하고자 하는 것으로 옳은 것은?
① 기체 반응 법칙 확인
② 질량 보존 법칙 확인
③ 일정 성분비 법칙 확인
④ 화학 반응의 종류 확인
⑤ 물질의 상태 변화 확인

03 마그네슘을 염화 구리 수용액에 넣었을 때 반응물과 생성물의 질량을 비교한 것으로 옳은 것만을 〈보기〉에서 있는 대로 고른 것은?

┌─ 보기 ├─
ㄱ. 마그네슘의 질량＝염화 구리 수용액의 질량
ㄴ. 반응한 마그네슘의 질량＝반응한 구리의 질량
ㄷ. (마그네슘＋염화 구리)의 질량＞(구리＋염화 마그네슘)의 질량
ㄹ. (마그네슘＋염화 구리)의 질량＝(구리＋염화 마그네슘)의 질량
└──────

① ㄴ　　　② ㄹ　　　③ ㄱ, ㄷ
④ ㄴ, ㄹ　　⑤ ㄷ, ㄹ

[04~05] 그림은 아연과 묽은 염산을 밀폐된 병 속에서 반응시키면서 반응 전과 후의 질량을 비교하는 실험이다. 반응 전 질량은 41.0 g이다.

묽은 염산 아연

04 반응 후 질량으로 옳은 것은?

① 20.5 g　　② 41.0 g　　③ 61.5 g

④ 82.0 g　　⑤ 102.5 g

05 이 실험에 대한 설명으로 옳은 것만을 〈보기〉에서 있는 대로 고른 것은?

┤ 보기 ├

ㄱ. 반응에서 수소 기체가 발생한다.

ㄴ. 반응 후 뚜껑을 열어도 질량은 변하지 않는다.

ㄷ. 열린 용기에서 실험하면 산소와 결합하여 질량이 늘어난다.

① ㄱ　　　　② ㄴ　　　　③ ㄷ

④ ㄱ, ㄴ　　　⑤ ㄱ, ㄷ

06 그림과 같이 강철 솜의 질량을 측정하고 토치로 충분히 가열한 후, 다시 질량을 측정하였더니 질량이 증가하였다.

이에 대한 설명으로 옳은 것은?

① 반응 전후 질량의 차를 통해 반응한 산소의 질량을 구할 수 있다.

② 질량이 증가했으므로 질량 보존 법칙이 성립하지 않는다.

③ 강철 솜 대신 나무로 실험해도 같은 결과를 얻을 수 있다.

④ 연소 반응으로 철 원자가 다른 원자로 변하여 질량이 증가한다.

⑤ 강철 솜을 구성하고 있는 원자들 사이의 재배열만 일어나도 질량이 증가한다는 것을 알 수 있다.

01 그림은 질산 납 수용액과 아이오딘화 수용액의 반응에서 실제 반응에 참여한 이온들의 반응을 모형으로 나타낸 것이다.

아이오딘화 이온　＋　납 이온　→　아이오딘화 납

(1) 질산 납 수용액 25 g과 아이오딘화 칼륨 수용액 25 g을 반응시켰을 때 생성되는 질산 칼륨 수용액과 아이오딘화 납의 질량의 합을 구하시오.

(2) (1)과 같은 결과가 나타나는 까닭을 주어진 용어를 모두 사용하여 서술하시오.

┌─────────────────────────────┐
│　　　원자의 종류, 원자의 개수　　　│
└─────────────────────────────┘

Tip 화학 반응이 일어날 때 원자가 사라지거나 새로 생기지 않고, 원자 사이의 재배열만 일어난다.
Key Word 원자의 종류, 원자의 개수, 질량

02 그림은 묽은 염산과 방해석을 밀폐된 삼각 플라스크에서 반응시키면서 반응 전과 후, 반응 후 뚜껑을 열었을 때의 질량을 비교하는 실험을 나타낸 것이다.

묽은 염산
방해석

(가)　　　(나)　　　(다)

(가)~(다)에서 측정된 질량을 등호나 부등호를 사용하여 비교하고, 그 까닭을 생성물과 관련지어 서술하시오.

Tip 방해석을 묽은 염산에 반응하면 이산화 탄소 기체가 발생한다.
Key Word 이산화 탄소 기체, 질량

3 일정 성분비 법칙

❶ 일정 성분비 법칙

1. 일정 성분비 법칙: 두 가지 이상의 물질이 반응하여 한 화합물을 만들 때, 반응하는 물질 사이에는 항상 일정한 질량비가 성립한다.

(1) 혼합물에서는 성립하지 않고, 화합물에서만 성립한다.

(2) 일정 성분비 법칙이 성립하는 까닭: 물질을 구성하는 원자가 항상 일정한 개수비로 결합하여 화합물을 생성하기 때문이다.

2. 원자의 상대적 질량을 이용하여 성분 원소의 질량비 구하기: 화합물을 구성하는 성분 원소의 질량비는 원자의 개수비에 원자의 상대적 질량을 곱해서 구한다.

(원자의 상대적 질량: 탄소=12, 산소=16)

화합물	일산화 탄소 (CO)	이산화 탄소(CO_2)
모형	⬤⚫	⚫⬤⚫
원자의 개수비 (탄소 : 산소)	1 : 1	1 : 2
성분 원소의 질량비 (탄소 : 산소)	$1×12 : 1×16$ $=3 : 4$	$1×12 : 2×16$ $=3 : 8$

3. 볼트(B)와 너트(N)를 이용한 일정 성분비 법칙 확인 모형: 화합물 모형을 구성하는 볼트와 너트는 일정한 개수비로 결합하므로, 여분의 모형은 결합하지 못하고 남는다.

(단, B의 질량=3 g, N의 질량=1 g)

반응 모형	B + 2N ⟶ BN_2			
화합물 모형의 개수 구하기	이용한 모형		최대로 만들 수 있는 BN_2(개)	남은 모형(개)
	B(개)	N(개)		
	5	10	5	없음
	10	16	8	B, 2
	15	40	15	N, 10

• 반응에 참여하는 B와 N의 개수비는 1 : 2로 일정하다.
• 반응에 참여하는 B와 N의 질량비는 B : N=(1개×3 g) : (2개×1 g) =3 : 2로 일정하다.

❷ 화합물을 이루는 성분 원소의 질량비

1. 산화 구리(Ⅱ) 생성 반응에서 질량비: 구리 가루를 가열하면 구리와 산소가 4 : 1의 질량비로 반응하여 산화 구리(Ⅱ)가 생성된다.

구리 + 산소 ⟶ 산화 구리(Ⅱ)
질량비 ➡ 4 : 1 : 5

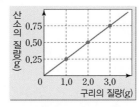

▲ 구리와 산소의 질량 관계

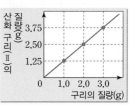

▲ 구리와 산화 구리(Ⅱ)의 질량 관계

2. 산화 마그네슘 생성 반응에서 질량비: 마그네슘을 가열하면 마그네슘과 산소가 3 : 2의 질량비로 반응하여 산화 마그네슘이 생성된다.

마그네슘 + 산소 ⟶ 산화 마그네슘
질량비 ➡ 3 : 2 : 5

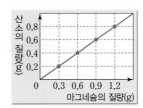

▲ 마그네슘과 산소의 질량 관계

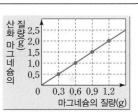

▲ 마그네슘과 산화 마그네슘의 질량 관계

3. 물의 합성 반응에서 질량비: 수소와 산소의 혼합 기체에 전기 불꽃을 가하면 수소와 산소가 1 : 8의 질량비로 반응하여 물이 생성된다.

수소 + 산소 ⟶ 물
질량비 ➡ 1 : 8 : 9

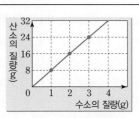

▲ 수소와 산소의 질량 관계

중단원 실전 문제

1 일정 성분비 법칙

중요

01 일정 성분비 법칙을 옳게 설명한 것은?

① 물질은 순물질과 혼합물로 분류된다.
② 반응물의 전체 질량과 생성물의 전체 질량은 같다.
③ 같은 부피 속에는 항상 같은 수의 분자가 들어 있다.
④ 기체의 부피 사이에는 항상 간단한 정수비가 성립한다.
⑤ 화합물을 구성하는 성분 원소 사이에는 일정한 질량비가 성립한다.

02 구성 성분 원소의 질량비로 일정 성분비 법칙을 설명할 수 있는 것만을 〈보기〉에서 있는 대로 고른 것은?

| 보기 |

ㄱ. 물　　　　　　　　ㄴ. 구리
ㄷ. 소금물　　　　　　ㄹ. 탄산 음료
ㅁ. 암모니아　　　　　ㅂ. 산화 구리(Ⅱ)
ㅅ. 암모니아수　　　　ㅇ. 염화 나트륨
ㅈ. 이산화 탄소　　　ㅊ. 과산화 수소

① ㄱ, ㄹ, ㅁ
② ㄴ, ㄷ, ㅂ, ㅇ
③ ㄱ, ㄹ, ㅁ, ㅅ, ㅈ
④ ㄱ, ㅁ, ㅂ, ㅇ, ㅈ, ㅊ
⑤ ㄴ, ㄷ, ㅂ, ㅇ, ㅈ, ㅊ

03 일정 성분비가 성립하는 까닭과 가장 관련 있는 것은?

① 화합물을 구성하는 성분 원소의 종류
② 화합물을 구성하는 성분 원소의 개수
③ 화합물을 구성하는 성분 원소의 일정한 개수비
④ 화합물을 구성하는 성분 원소의 일정한 부피비
⑤ 화합물을 구성하는 성분 분자의 일정한 개수비

중요

04 그림은 볼트(B)와 너트(N)로 화합물(BN_2)을 만드는 모형을 나타낸 것이다.

볼트(B) 10개와 너트(N) 10개를 사용하여 남는 물질 없이 화합물(BN_2)을 만들려고 한다면, 추가로 필요한 물질과 개수로 옳은 것은?

① B, 5개　　② B, 10개　　③ N, 5개
④ N, 10개　　⑤ N, 15개

2 화합물을 이루는 성분 원소의 질량비

중요

05 오른쪽 그림은 산화 철을 이루고 있는 철과 산소의 질량 관계를 나타낸 것이다. 다음과 같이 철과 산소를 반응시킬 때 산화 철이 가장 많이 생성되는 경우는?

철 5 g　산소 2 g

	철(g)	산소(g)		철(g)	산소(g)
①	5	4	②	8	2
③	10	15	④	15	6
⑤	30	5			

중요

06 오른쪽 그림은 일정량의 염화 나트륨 수용액에 질산 은 수용액의 질량을 달리하여 넣었을 때 생성된 앙금의 높이를 나타낸

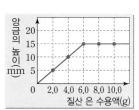

것이다. 그림에서 질산 은 수용액의 양이 계속 증가하더라도 앙금이 더 이상 증가하지 않는 까닭으로 가장 옳은 것은?

① 온도가 높아지기 때문에
② 앙금이 녹기 시작하기 때문에
③ 질산 은이 모두 반응하였기 때문에
④ 염화 이온이 모두 반응하였기 때문에
⑤ 다른 종류의 앙금이 동시에 생성되기 때문에

07 그림은 물의 합성 반응에서 반응하는 수소와 산소의 질량 관계를 나타낸 것이다.

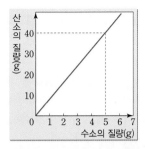

이에 대한 설명으로 옳은 것만을 〈보기〉에서 있는 대로 고른 것은?

┤ 보기 ├

ㄱ. 수소가 5 g 반응하면 물 40 g이 생성된다.
ㄴ. 물을 구성하는 수소와 산소의 질량비는 1 : 8 이다.
ㄷ. 반응하는 수소의 전체 질량과 산소의 전체 질량이 같다.
ㄹ. 반응하는 수소의 질량이 증가할수록 반응하는 산소의 질량이 증가한다.

① ㄱ, ㄴ　　② ㄱ, ㄷ　　③ ㄱ, ㄹ
④ ㄴ, ㄷ　　⑤ ㄴ, ㄹ

08 그림은 질소와 수소가 반응하여 암모니아가 생성되는 화학 반응의 모형을 나타낸 것이다.

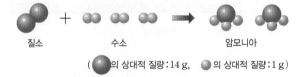

질소　　　　수소　　　　　암모니아

(● 의 상대적 질량 : 14 g, ● 의 상대적 질량 : 1 g)

이에 대한 설명으로 옳지 <u>않은</u> 것은?

① 질소의 분자식은 N_2로 나타낼 수 있다.
② 수소의 분자식은 H_2로 나타낼 수 있다.
③ 질소 1분자가 반응할 때 수소 3분자가 반응한다.
④ 암모니아를 구성하는 질소와 수소의 질량비는 14 : 1이다.
⑤ 56 g의 질소가 모두 반응하여 암모니아를 생성하기 위해서는 12 g의 수소가 필요하다.

09 탄소와 산소는 3 : 8의 질량비로 화합하여 이산화 탄소를 생성한다. 탄소 15 g을 산소 48 g과 반응시킬 때 생성되는 이산화 탄소의 질량은?

① 11 g　　② 15 g　　③ 23 g
④ 55 g　　⑤ 63 g

실전 서논술형 문제

01 구리 가루 4 g을 충분한 양의 산소와 반응시켰더니 산화 구리(Ⅱ) 5 g이 생성되었다.

(1) 질량이 증가한 까닭을 서술하시오.
(2) 생성물을 이루는 원소의 질량비를 구하시오.

Tip 구리 가루는 산소와 결합하여 산화 구리(Ⅱ)를 생성한다.
Key Word 산소, 구리, 산화 구리(Ⅱ)

02 다음은 일산화 탄소(CO)와 이산화 탄소(CO_2)의 분자 모형이다.

일산화 탄소　　　　이산화 탄소

일산화 탄소(CO)를 이루는 탄소와 산소의 질량비가 3 : 4일 때, 이산화 탄소(CO_2)를 이루는 원소의 질량비를 구하고 이 과정을 서술하시오.

Tip 일산화 탄소(CO)와 이산화 탄소(CO_2)는 모두 탄소와 산소로 이루어진 다른 물질이다.
Key Word 탄소, 산소, 일산화 탄소, 이산화 탄소, 개수비, 질량비

03 그림은 구리 가루와 마그네슘의 질량을 달리하여 각각 가열할 때 금속의 질량에 따른 산소의 질량을 나타낸 것이다.

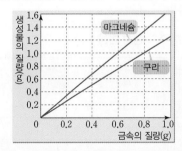

같은 질량의 구리와 마그네슘을 가열하여도 반응한 산소의 질량이 다른 까닭을 서술하시오.

Tip 마그네슘과 구리는 각각 일정한 질량비로 산소와 결합한다.
Key Word 질량비, 금속, 산소

4 기체 반응 법칙

1 기체 반응 법칙

1. 기체 반응 법칙: 일정한 온도와 압력에서 기체들이 반응하여 새로운 기체가 생성될 때 각 기체의 부피 사이에는 간단한 정수비가 성립한다.

⑩ 수소와 산소가 반응하여 수증기를 생성할 때 부피비는 수소 : 산소 : 수증기=2 : 1 : 2로 일정하다. ➡ 기체 사이의 부피비는 화학 반응식에서 계수비와 같다.

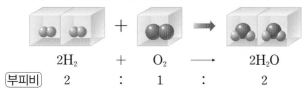

$2H_2$	+	O_2	$\longrightarrow$	$2H_2O$	
부피비 2	:	1	:	2	

2. 아보가드로 법칙: 기체의 종류는 달라도 같은 온도, 같은 압력에서는 같은 부피 속에 같은 수의 분자가 들어 있다. 기체는 분자 수에 비례하여 부피를 차지하므로, 기체의 부피와 그 부피 속에 포함된 기체 분자의 수는 비례한다.

3. 기체 반응 법칙의 적용: 온도와 압력이 일정할 때 기체 사이의 반응에서 각 기체의 부피비는 분자 수비와 같다.

(1) 암모니아 생성 반응

화학 반응식과 모형	N_2	+	$3H_2$	$\longrightarrow$	$2NH_3$
부피비	1	:	3	:	2
분자 수비	1	:	3	:	2

(2) 염화 수소 생성 반응

화학 반응식과 모형	H_2	+	Cl_2	$\longrightarrow$	$2HCl$
부피비	1	:	1	:	2
분자 수비	1	:	1	:	2

(3) 이산화 탄소 생성 반응

화학 반응식과 모형	$2CO$	+	O_2	$\longrightarrow$	$2CO_2$
부피비	2	:	1	:	2
분자 수비	2	:	1	:	2

중단원 실전 문제

1 기체 반응 법칙

01 기체 반응 법칙에 대한 설명으로 옳은 것만을 〈보기〉에서 있는 대로 고른 것은? (단, 온도와 압력은 일정하다.)

┤ 보기 ├

ㄱ. 물질의 세 가지 상태에 대해 모두 성립한다.
ㄴ. 기체의 부피비는 화학 반응식의 계수비와 같다.
ㄷ. 각 기체의 부피 사이에는 항상 간단한 정수비가 성립한다.

① ㄱ   ② ㄴ   ③ ㄷ
④ ㄱ, ㄴ   ⑤ ㄴ, ㄷ

02 그림은 같은 온도와 압력일 때 1부피에 포함된 수소, 수증기, 암모니아 분자 수와 2부피에 포함된 수소, 수증기, 암모니아 분자 수를 모형으로 나타낸 것이다.

3부피에 포함된 수소, 수증기, 암모니아 분자의 수를 그려 넣으려고 할 때, 분자 수의 변화로 옳은 것은?

① 부피에 비례하여 증가한다.
② 부피에 비례하여 감소한다.
③ 물질에 따라 다르게 증가한다.
④ 물질에 따라 다르게 감소한다.
⑤ 부피만으로는 분자 수를 그려 넣을 수 없다.

03 다음은 수소와 산소가 반응하여 수증기가 생성되는 반응을 모형을 보고 적은 글의 일부분이다.

… 수소 : 산소 : 수증기 사이에 2 : 1 : 2의 간단한 정수비는 (㉠)과 같다. … (중략)

㉠에 들어갈 수 있는 말로 가장 적합한 것은? (단, 온도와 압력은 일정하다.)

① 화학 반응의 질량비   ② 화학 반응의 밀도비
③ 화학 반응의 부피비   ④ 화학 반응의 결합비
⑤ 화학 반응의 원자 수비

04 그림은 질소(N_2)와 수소(H_2) 기체를 화합하여 암모니아(NH_3)를 생성하는 반응을 모형으로 나타낸 것이다.

질소   수소   암모니아

이 모형으로부터 알 수 있는 사실로 옳지 <u>않은</u> 것은? (단, 온도와 압력은 일정하다.)

① 반응이 일어날 때 부피가 감소한다.
② 질소와 수소는 일정한 부피비로 화학 반응을 한다.
③ 질소 20 mL가 모두 반응하면 암모니아 40 mL가 생성된다.
④ 한 부피 안에 들어 있는 분자 수는 기체의 종류에 따라 다르다.
⑤ 질소와 수소 기체가 반응하여 암모니아를 생성할 때 전체 분자 수는 감소한다.

05 그림은 수소와 염소 기체가 반응하여 염화 수소 기체를 생성하는 반응을 모형으로 나타낸 것이다.

수소 1부피   염소 1부피   염화 수소 2부피

이에 대한 설명으로 옳은 것은? (단, 온도와 압력은 일정하다.)

① 기체들 사이의 질량비를 알 수 있다.
② 수소 기체는 염소 기체의 2배가 필요하다.
③ 염화 수소가 생성되면 부피는 감소한다.
④ 수소와 염소, 염화 수소의 부피는 모두 같다.
⑤ 수소와 염소의 부피비를 통해 분자 수비를 알 수 있다.

06 다음은 메테인과 프로페인의 연소 반응을 화학 반응식으로 나타낸 것이다.

> • 메테인의 연소: $CH_4 + 2O_2 \longrightarrow CO_2 + 2H_2O$
> • 프로페인의 연소: $C_3H_8 + 5O_2 \longrightarrow 3CO_2 + 4H_2O$

두 반응의 공통점으로 옳은 것은? (단, 온도와 압력은 일정하다.)

① 불완전 연소 반응이다.
② 연소 생성물은 고체 상태의 물질이다.
③ 반응이 진행될 때 전체 분자 수가 증가한다.
④ 반응이 진행될 때 수소 기체가 필요하다.
⑤ 화학 반응식의 계수는 각 기체들의 부피비와 같다.

실전 서논술형 문제

01 기체 A와 B가 반응하여 새로운 기체를 생성할 때 반응하는 기체 A와 B의 부피를 측정하였더니 표와 같았다.

실험	A의 부피(mL)	B의 부피(mL)
1	2	1
2	3	1.5
3	4	2

〈보기〉의 반응 중 위 기체 반응의 예로 적당한 것만을 있는 대로 고르고, 그렇게 고른 까닭을 서술하시오. (단, 온도와 압력은 일정하다.)

> ┤ 보기 ├
> ㄱ. $2H_2 + O_2 \longrightarrow 2H_2O$
> ㄴ. $H_2 + Cl_2 \longrightarrow 2HCl$
> ㄷ. $3H_2 + N_2 \longrightarrow 2NH_3$

Tip 기체 A와 B의 부피비는 2 : 1이다. 온도와 압력이 일정할 때 각 기체들의 부피비는 화학 반응의 계수비와 같다.
Key Word 기체, 부피비

---

02 다음 중 화학 반응식의 계수비로부터 반응하는 기체 사이의 부피비를 알 수 없는 화학 반응을 〈보기〉에서 있는 대로 고르고, 그렇게 고른 까닭을 서술하시오. (단, 25℃, 1기압으로 온도와 압력은 일정하다.)

> ┤ 보기 ├
> ㄱ. $C + O_2 \longrightarrow CO_2$
> ㄴ. $H_2 + Cl_2 \longrightarrow 2HCl$
> ㄷ. $N_2 + 3H_2 \longrightarrow 2NH_3$
> ㄹ. $2CO + O_2 \longrightarrow 2CO_2$

Tip 온도와 압력이 일정할 때, 기체가 반응하여 새로운 기체를 생성하는 반응에서 각 기체들 부피 사이에는 항상 일정한 정수비가 성립한다.
Key Word 반응물, 생성물, 기체, 탄소, 고체

5 화학 반응에서의 에너지 출입

① 화학 반응에서의 에너지 출입

1. 화학 반응이 일어날 때 에너지 변화: 에너지를 방출하거나 흡수하다.

2. 발열 반응: 에너지를 방출하는 반응이다. 주변으로 에너지를 방출하므로 주변의 온도가 높아진다.

에너지 방출

⑩ 연소 반응, 산과 염기의 반응, 산화 칼슘과 물의 반응, 금속과 산의 반응, 철이 녹스는 반응, 호흡 등

3. 흡열 반응: 에너지를 흡수하는 반응이다. 주변의 에너지를 흡수하므로 주변의 온도가 낮아진다.

에너지 흡수

⑩ 수산화 바륨과 염화 암모늄의 반응, 소금과 물의 반응, 광합성, 열분해, 물의 전기 분해, 질산 암모늄과 물의 반응 등

4. 화학 반응에서 출입하는 에너지의 이용
(1) 발열 반응의 이용
   ① 발열 깔창: 철가루와 산소가 반응할 때 방출하는 에너지가 발을 따뜻하게 한다.
   ② 발열 컵: 산화 칼슘과 물이 반응할 때 방출하는 에너지가 컵 안의 음료를 데운다.
   ③ 염화 칼슘 제설제: 염화 칼슘이 물과 반응할 때 에너지를 방출하므로 제설제로 이용한다.
(2) 흡열 반응의 이용
   ① 냉찜질 주머니: 질산 암모늄이 물에 녹을 때 에너지를 흡수하여 주변의 온도가 낮아지는 것을 이용한다.
   ② 한제: 두 가지 이상의 물질을 혼합하여 만든 냉각제로, 주로 얼음과 소금을 혼합한 것을 이용한다.

중단원 실전 문제

① 화학 반응에서의 에너지 출입

01 그림은 화학 반응이 일어날 때 에너지 변화를 나타낸 것이다.

에너지 방출

이에 대한 설명으로 옳은 것만을 〈보기〉에서 있는 대로 고른 것은?

┤ 보기 ├
ㄱ. 화학 반응이 일어날 때 주변의 온도가 높아진다.
ㄴ. 화학 반응이 일어날 때 주변의 에너지를 흡수한다.
ㄷ. 화학 반응이 일어날 때 주변의 온도는 변하지 않는다.
ㄹ. 화학 반응이 일어날 때 주변의 온도가 급격하게 낮아진다.

① ㄱ   ② ㄴ   ③ ㄷ
④ ㄱ, ㄴ   ⑤ ㄱ, ㄹ

02 다음은 우리 주변에 일어나는 다양한 현상을 나타낸 것이다.

(가) 질산 암모늄을 물에 녹여 냉찜질을 만들 수 있다.
(나) 추운 날 철 가루와 산소가 반응하는 발열 깔창을 이용하여 발을 따뜻하게 유지한다.
(다) 식물이 광합성을 할 때 에너지를 흡수한다.

위 현상에 대한 설명으로 옳은 것은?
① (가)는 에너지를 방출하는 화학 반응이다.
② (가)와 (나)는 에너지의 이동 방향이 같다.
③ (나) 발열 깔창은 화학 반응에서 에너지 출입을 이용한 것이다.
④ (나)는 손 냉장고를 만드는 원리와 같은 원리로 만들어진 것이다.
⑤ (나)와 (다)는 에너지를 방출하는 반응으로 주변의 온도가 높아진다.

중요
03 발열 반응이 아닌 것은?

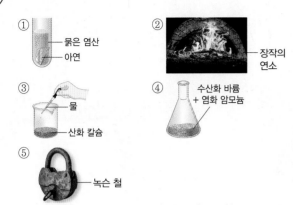

① 묽은 염산 / 아연
② 장작의 연소
③ 물 / 산화 칼슘
④ 수산화 바륨 + 염화 암모늄
⑤ 녹슨 철

04 화학 반응이 일어날 때 주변의 온도가 높아지는 반응으로 옳은 것은?

① 소금과 물의 반응
② 식물의 광합성 반응
③ 산화 칼슘과 물의 반응
④ 질산 암모늄과 물의 반응
⑤ 수산화 바륨과 염화 암모늄의 반응

중요
05 그림은 발열 반응과 흡열 반응에서 에너지 출입을 순서 없이 나타낸 것이다.

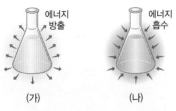

에너지 방출 (가)   에너지 흡수 (나)

(가)와 (나)에 대한 설명으로 옳지 않은 것은?

① (가)는 발열 반응, (나)는 흡열 반응이다.
② (가)와 (나)의 반응이 일어나면 주변의 온도가 변한다.
③ (가)는 에너지를 방출하므로 주변의 온도가 높아진다.
④ 염화 칼슘을 이용하여 제설제를 만들 때, (나)와 같은 에너지 변화가 나타난다.
⑤ (가)는 손난로, (나)는 손 냉장고를 만드는 원리가 된다.

실전 서논술형 문제

01 그림은 흡열 반응에서 에너지 출입을 나타낸 것이다.

주변
에너지 ← → 에너지

흡열 반응이 일어날 때 주변의 온도 변화를 서술하고, 이러한 반응을 관찰할 수 있는 현상 하나를 서술하시오.

Tip 흡열 반응은 화학 반응이 일어날 때 주변의 에너지를 흡수한다.
Key Word 에너지, 흡수, 주변의 온도

02 다음은 화학 반응이 일어날 때 에너지 출입을 확인하기 위한 실험 과정을 나타낸 것이다.

〈실험 과정〉
(가) 물을 적신 나무판 위에 수산화 바륨과 염화 암모늄을 넣은 삼각 플라스크를 올려 놓는다.
(나) 유리 막대로 물질을 잘 섞은 다음 삼각 플라스크를 살짝 들어 올린다.

수산화 바륨 + 염화 암모늄

삼각 플라스크를 들어 올렸을 때의 예상되는 결과를 화학 반응에서의 에너지 출입과 관련지어 서술하시오.

Tip 수산화 바륨과 염화 암모늄이 반응하면 에너지를 흡수하여 주변의 온도가 낮아진다.
Key Word 흡열 반응, 주변의 온도, 물, 삼각 플라스크

II 기권과 날씨

1 기권과 지구 기온

❶ 기권의 층상 구조

1. 기권: 지구를 둘러싸고 있는 대기
  (1) 기권을 구성하는 기체는 질소, 산소가 대부분을 이루고, 아르곤, 이산화 탄소 등이 포함되어 있다.

▲ 대기를 이루는 성분의 부피비

  (2) 기권은 지표로부터 약 1000 km 높이까지 분포한다.

2. 기권의 층상 구조
  (1) 구분 기준: 높이에 따른 기온 분포
  (2) 기권의 구조와 특징

구분	특징
대류권	• 높이 올라갈수록 기온이 하강하고, 대류가 활발하다. • 기상 현상이 나타나고, 공기의 대부분이 모여 있다.
성층권	• 높이 올라갈수록 기온이 상승한다. • 대류가 일어나지 않고, 오존층이 존재한다.
중간권	• 높이 올라갈수록 기온이 하강하고, 대류가 일어난다. • 기상 현상이 없으며, 유성이 나타나기도 한다.
열권	• 높이 올라갈수록 기온이 상승하고, 공기가 희박하다. • 낮밤의 기온 차가 크고, 오로라가 나타난다.

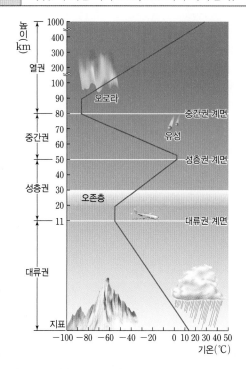

❷ 복사 평형

1. 복사 에너지: 물질의 도움을 받지 않고 복사의 형태로 직접 전달되는 에너지

2. 지구의 복사 평형
  (1) 지구가 흡수하는 태양 복사 에너지양(70) = 지구가 방출하는 복사 에너지양(70)
  (2) 지구는 복사 평형을 이루므로, 연평균 기온이 일정하게 유지된다.

▲ 지구의 복사 평형

❸ 지구 온난화

1. 온실 효과: 지구의 대기가 지표로 방출하는 복사 에너지 때문에 평균 기온이 높아지는 현상
  (1) 지구의 대기는 방출되는 복사 에너지를 대부분 흡수하고, 그 중 일부를 지표면으로 다시 방출하여 지표면의 온도를 높이고 보온하는 역할을 한다.
  (2) 지구에 대기가 없다면 온실 효과가 나타나지 않는다.

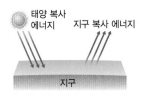

▲ 지구의 온실 효과와 복사 평형

2. 온실 기체: 온실 효과를 일으키는 대기의 성분
  (1) 지구 복사 에너지를 흡수하여 온실 효과를 일으킨다.
  (2) 온실 기체에는 수증기, 이산화 탄소, 메테인 등이 있다.

3. 지구 온난화: 온실 효과의 증가로 지구의 평균 기온이 점점 상승하는 현상
  (1) 원인: 온실 기체의 양이 점점 많아지기 때문
  (2) 영향: 해수면의 상승, 육지 면적의 감소, 전 세계적인 폭염, 홍수 등의 기상 이변 증가 등

중단원 실전 문제

1 기권의 층상 구조

중요

01 기권에 대한 설명으로 옳은 것만을 〈보기〉에서 있는 대로 고른 것은?

┤ 보기 ├
ㄱ. 기권을 이루는 대기는 한 가지 기체로만 구성되어 있다.
ㄴ. 기권의 대부분을 구성하는 기체는 산소와 이산화 탄소이다.
ㄷ. 기권을 이루는 대기는 지표면으로부터 약 1000 km 높이까지 분포한다.

① ㄱ   ② ㄷ   ③ ㄱ, ㄴ
④ ㄴ, ㄷ   ⑤ ㄱ, ㄴ, ㄷ

[02~04] 그림은 기권의 층상 구조를 나타낸 것이다.

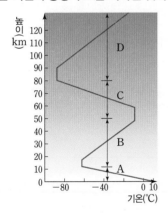

02 기권을 A~D 4개의 층으로 구분하는 기준은?

① 높이에 따른 기압 분포
② 높이에 따른 기온 분포
③ 높이에 따른 대기의 양 분포
④ 높이에 따른 대기의 성분 분포
⑤ 높이에 따른 대기의 밀도 분포

중요

03 A~D 중 대류 현상이 일어나는 층을 있는 대로 고르시오.

04 A~D 중 다음 설명에 해당하는 층의 기호와 이름을 쓰시오.

• 오존의 농도가 높은 오존층이 분포한다.
• 대류가 일어나지 않는 안정한 층이다.

05 오른쪽 그림은 고위도 지방에서 나타나는 현상이다. 이 현상의 이름과 이 현상이 나타나는 기권의 층을 옳게 짝 지은 것은?

	이름	기권의 층
①	유성	중간권
②	유성	성층권
③	오로라	대류권
④	오로라	중간권
⑤	오로라	열권

06 오른쪽 그림은 기권을 4개의 층으로 구분한 것이다. A~D 중 (가) 구름이 만들어지고 기상 현상이 나타나는 층과 (나) 유성이 관측되기도 하는 층을 옳게 짝 지은 것은?

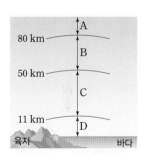

	(가)	(나)			(가)	(나)
①	A	B		②	B	D
③	C	A		④	C	D
⑤	D	B				

2 복사 평형

07 그림은 지구 복사 평형을 나타낸 것이다.

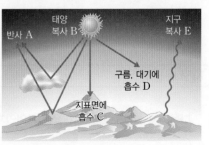

A~E 에너지 출입량의 관계를 옳게 나타낸 것은?

① A=D   ② B=A+C   ③ C=A+B
④ D=A+C   ⑤ E=C+D

[08~09] 그림과 같이 장치한 후 3분 간격으로 알루미늄 컵 속의 온도를 측정하였더니 표와 같았다.

시간(분)	온도(℃)
0	21
3	24
6	27
9	30
12	30
15	30

08 (가) 실험을 시작하여 9분이 되기 전과, (나) 실험을 시작하여 9분이 된 후의 알루미늄 컵이 흡수한 복사 에너지양(A)과 알루미늄 컵이 방출한 복사 에너지양(B)을 옳게 비교한 것은?

	(가)	(나)		(가)	(나)
①	A>B	A=B	②	A<B	A=B
③	A>B	A>B	④	A<B	A<B
⑤	A=B	A=B			

중요
09 위 실험에 대한 설명으로 옳은 것만을 〈보기〉에서 있는 대로 고른 것은?

┤ 보기 ├
ㄱ. 복사 평형이 이루어지면 알루미늄 컵의 온도가 일정하게 유지된다.
ㄴ. 지구의 연평균 기온이 점점 낮아지는 원인을 설명할 수 있다.
ㄷ. 실험 결과를 통해 지구의 복사 평형을 이해할 수 있다.

① ㄱ   ② ㄴ   ③ ㄱ, ㄷ
④ ㄴ, ㄷ   ⑤ ㄱ, ㄴ, ㄷ

③ 지구 온난화

10 다음에서 설명하고 있는 현상은 무엇인지 쓰시오.

대기 중의 온실 기체의 양이 증가하면서 온실 효과가 강화되어 지구의 평균 기온이 점점 상승하는 현상이다.

실전 서논술형 문제

01 그림은 기권의 층상 구조를 나타낸 것이다.

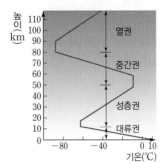

(1) 대류권과 중간권에서 공통적으로 나타나는 현상을 그 이유와 함께 서술하시오.

Tip 높이 올라갈수록 기온이 낮아지는 층에서는 대류가 일어난다.
Key Word 기온, 대류

(2) 대류권과 중간권에서 나타나는 현상의 차이점을 그 이유와 함께 서술하시오.

Tip 대류가 일어나고 수증기가 있는 곳에서는 구름이 만들어진다.
Key Word 수증기, 구름, 비, 눈, 기상 현상

02 그림 (가)는 대기가 없는 경우, (나)는 대기가 있는 경우의 복사 에너지 출입을 나타낸 것이다.

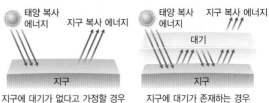

지구에 대기가 없다고 가정할 경우 (가)   지구에 대기가 존재하는 경우 (나)

(가)와 (나) 중 지구의 평균 기온이 더 높은 경우는 어느 것인지 기호를 쓰고, 그 이유를 서술하시오.

Tip 대기가 있으면 온실 효과가 나타난다.
Key Word 대기, 복사 에너지, 우주와 지표, 온실 효과

② 대기 중의 수증기

❶ 대기 중의 수증기

1. 포화 상태: 어떤 공기가 수증기를 최대로 포함하고 있는 상태

2. 포화 수증기량: 포화 상태의 공기 1 kg에 들어 있는 수증기량을 g으로 나타낸 것
- 기온이 높을수록 포화 수증기량은 증가한다.

3. 이슬점과 응결량
(1) 이슬점: 수증기가 응결하기 시작할 때의 온도＝현재 포함된 수증기량으로 포화 상태가 될 때의 온도
- 현재 공기의 실제 수증기량이 많을수록 이슬점이 높다.
(2) 응결량: 현재 수증기량 − 냉각된 온도에서의 포화 수증기량

❷ 상대 습도

1. 상대 습도: 우리가 일반적으로 사용하는 습도로, 현재 기온에서 공기의 포화 수증기량에 대한 실제 포함된 수증기량의 비율

$$상대 습도(\%)＝\frac{현재 공기의 실제 수증기량(g/kg)}{현재 공기의 포화 수증기량(g/kg)}×100$$

2. 기온과 상대 습도
(1) 기온이 일정할 때: 공기가 포함하고 있는 수증기량이 많아질수록 상대 습도가 높아진다.
(2) 기온이 높아질 때: 상대 습도는 낮아진다.
➡ 포화 수증기량이 증가하기 때문
(3) 기온이 낮아질 때: 상대 습도는 높아진다.
➡ 포화 수증기량이 감소하기 때문
(4) 맑은 날 하루 동안 기온과 습도, 이슬점 변화
- 기온이 높은 낮에는 습도가 낮고, 기온이 낮은 밤에는 습도가 높다.
- 이슬점은 거의 일정하다.

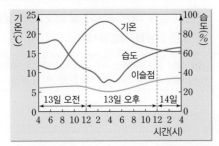
▲ 맑은 날 하루 동안의 기온, 습도, 이슬점의 변화

중단원 실전 문제

❶ 대기 중의 수증기

[01~02] 그림은 기온에 따른 포화 수증기량을 나타낸 것이다.

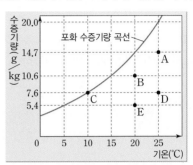

01 A~E 공기에 대한 설명으로 옳은 것만을 〈보기〉에서 있는 대로 고른 것은?

┤ 보기 ├
ㄱ. 현재 공기의 수증기량은 A가 가장 많다.
ㄴ. 현재 포화 상태인 공기는 B이다.
ㄷ. C와 D 공기의 이슬점은 같다.
ㄹ. E 공기의 온도를 10 ℃로 낮추면 포화 상태가 된다.

① ㄱ, ㄴ　　② ㄱ, ㄷ　　③ ㄴ, ㄹ
④ ㄱ, ㄷ, ㄹ　　⑤ ㄴ, ㄷ, ㄹ

02 A~E 중 이슬점이 가장 높은 공기의 기호를 쓰시오.

03 그림과 같이 플라스크에 따뜻한 물을 조금 넣고 헤어드라이어로 가열한 후, 찬물에 넣어 식혔더니 플라스크 내부가 뿌옇게 흐려졌다.

이때 플라스크 내부 공기 A의 변화에 대한 설명으로 옳은 것만을 〈보기〉에서 있는 대로 고르시오.

┤ 보기 ├
ㄱ. 공기 A의 온도가 내려간다.
ㄴ. 공기 A의 이슬점이 올라간다.
ㄷ. 공기 A의 포화 수증기량이 감소한다.

[04~05] 표는 기온에 따른 포화 수증기량을 나타낸 것이다

기온(℃)	5	10	15	20	25	30
포화 수증기량(g/kg)	5.4	7.6	10.6	14.7	20.0	27.1

04 (중요) 25 ℃인 공기 10 kg 속에 106 g의 수증기가 포함되어 있다. 이 공기의 이슬점은 몇 ℃인가?

① 5 ℃   ② 10 ℃   ③ 15 ℃
④ 20 ℃   ⑤ 30 ℃

05 20 ℃에서 포화 상태인 공기 5 kg을 10 ℃로 냉각시켰을 때, 응결되는 물의 양은 몇 g인가?

① 5.4 g   ② 7.1 g   ③ 14.7 g
④ 35.5 g   ⑤ 38.0 g

② 상대 습도

06 (중요) 그림은 기온에 따른 포화 수증기량을 나타낸 것이다.

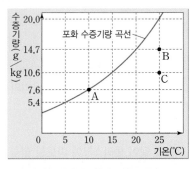

A~C 공기의 상대 습도를 옳게 비교한 것은?

① A>B>C   ② A>C>B
③ B>A>C   ④ C>A>B
⑤ C>B>A

07 다음은 상대 습도에 대한 설명이다. ( ) 안에 알맞은 말을 쓰시오.

> 공기가 포함하고 있는 수증기의 양이 일정하여도
> 기온이 낮아지면 포화 수증기량이 ㉠ ( )
> 하므로, 상대 습도는 ㉡ ( )아진다.

01 오른쪽 그림과 같이 음료수와 얼음이 든 컵을 상온에 놓아 두면 컵 표면에 물방울이 맺힌다. 그 이유를 서술하시오.

Tip 얼음이 들어 있는 음료수 컵 주변은 온도가 낮아신다.
Key Word 기온, 포화 수증기량, 포화 상태, 응결

02 오른쪽 그림은 기온과 포화 수증기량의 관계를 나타낸 것이다. 불포화 상태의 공기 A를 포화 상태로 만들기 위한 방법을 두 가지 서술하시오.

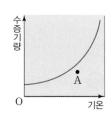

Tip 현재의 수증기량이 포화 수증기량이 되는 온도로 만들거나, 수증기를 보충하여 포화 상태로 만든다.
Key Word 이슬점, 포화 수증기량, 수증기

03 그림은 맑은 날 하루 동안의 기온과 습도의 변화를 나타낸 것이다.

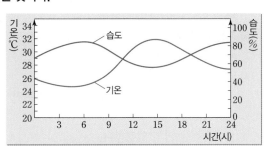

기온이 높을 때는 습도가 낮고, 기온이 낮을 때는 습도가 높은 이유를 서술하시오.

Tip 맑은 날 하루 동안 공기 중의 수증기량은 거의 변하지 않는다.
Key Word 수증기량, 포화 수증기량, 감소, 증가

3 구름과 강수

❶ 구름

1. 단열 팽창: 공기가 외부와 열을 주고받지 않으면서 부피가 팽창하는 현상

2. 구름: 물방울이나 얼음 알갱이가 하늘에 떠 있는 것

3. 구름의 생성 과정: 공기 상승 → 단열 팽창 → 기온 하강 → 이슬점 도달 → 수증기 응결 → 구름 생성

4. 구름이 만들어지는 경우(공기가 상승하는 경우): 지표면의 일부가 가열될 때, 이동하는 공기가 산을 타고 오를 때, 따뜻한 공기와 찬 공기가 만날 때

5. 구름의 모양

(1) **적운형 구름:** 위로 솟은 모양으로, 상승 기류가 강할 때 생성된다.

(2) **층운형 구름:** 옆으로 퍼지는 모양으로, 상승 기류가 약할 때 생성된다.

❷ 강수

1. 강수: 구름에서 비나 눈 등이 만들어져 지표로 떨어지는 현상

2. 강수 이론

구분	병합설	빙정설
지역	열대 지역(저위도 지역)	중위도나 고위도 지역
원리	작은 물방울들이 서로 충돌하여 더 큰 물방울이 되면 무거워져서 떨어져 비가 된다.	빙정이 점점 커지다 무거워져서 떨어지면 눈이 되고, 떨어지다가 녹으면 비가 된다.

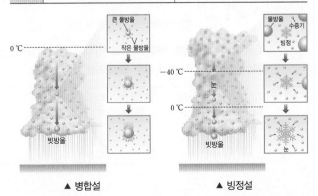

▲ 병합설　　　　▲ 빙정설

---

❶ 구름

01 다음은 구름이 생성되는 과정을 순서 없이 나타낸 것이다.

> ㄱ. 수증기 응결　　ㄴ. 단열 팽창
> ㄷ. 이슬점 도달　　ㄹ. 기온 하강
> ㅁ. 구름 생성　　　ㅂ. 공기 상승

구름의 생성 과정 순서대로 기호를 쓰시오.

[02~03] 그림 (가)는 구름 발생 실험을, (나)는 구름 발생 실험에서 페트병에 향 연기를 넣는 모습을 나타낸 것이다.

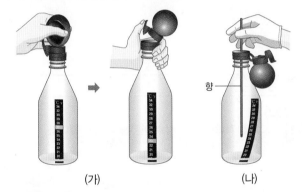

(가)　　　　　(나)

02 위 실험 (가)에 대한 설명으로 옳은 것만을 〈보기〉에서 있는 대로 고른 것은?

> ┤ 보기 ├
> ㄱ. 뚜껑을 열면 내부가 맑아진다.
> ㄴ. 뚜껑을 열면 내부의 온도가 내려간다.
> ㄷ. 간이 가압 장치로 공기를 압축하면 내부의 온도가 올라간다.

① ㄱ　　　　② ㄴ　　　　③ ㄱ, ㄷ

④ ㄴ, ㄷ　　　⑤ ㄱ, ㄴ, ㄷ

03 위 실험 (나)에서 향 연기의 역할로 옳은 것은?

① 수증기의 양이 많아지게 한다.

② 공기의 부피가 작아지게 한다.

③ 페트병 내부의 온도가 올라가게 한다.

④ 수증기가 쉽게 응결할 수 있도록 돕는다.

⑤ 페트병 내부의 물이 더 잘 증발되도록 돕는다.

04 그림은 공기가 산을 타고 A에서 B로 이동하는 과정을 나타낸 것이다.

A에서 B로 이동하는 공기에서 나타나는 변화에 대한 설명으로 옳은 것만을 〈보기〉에서 있는 대로 고른 것은?

┤ 보기 ├
ㄱ. 구름이 생성될 수 있다.
ㄴ. 공기의 상대 습도가 낮아진다.
ㄷ. 단열 팽창하여 기온이 낮아진다.

① ㄱ   ② ㄴ   ③ ㄱ, ㄷ
④ ㄴ, ㄷ   ⑤ ㄱ, ㄴ, ㄷ

❷ 강수

중요
05 그림 (가)와 (나)는 강수 이론을 나타낸 것이다.

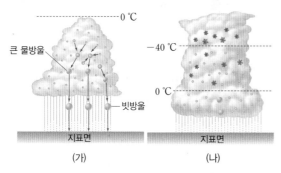

이에 대한 설명으로 옳은 것만을 〈보기〉에서 있는 대로 고른 것은?

┤ 보기 ├
ㄱ. (가)의 구름에는 얼음 알갱이와 물방울이 존재한다.
ㄴ. (가)는 열대 지역에서 내리는 현상을 설명하는 강수 이론이다.
ㄷ. (나)의 구름 속 물방울이 커지면서 무거워져 떨어지면 비가 된다.
ㄹ. (나)에서 얼음 알갱이가 떨어지면 눈이 되고, 떨어지면서 녹으면 비가 된다.

① ㄱ, ㄴ   ② ㄱ, ㄷ   ③ ㄱ, ㄹ
④ ㄴ, ㄹ   ⑤ ㄷ, ㄹ

실전 서논술형 문제

01 오른쪽 그림과 같이 공기가 압축된 페트병의 뚜껑을 열었을 때, 페트병 내부에서 나타나는 변화를 서술하시오. (단, 페트병에 향 연기를 넣은 후 실험하였다.)

Tip 뚜껑을 열면 부피가 늘어나면서 단열 팽창한다.
Key Word 부피 팽창, 온도, 응결

02 지표면의 공기가 상승하여 구름이 생성되기까지의 과정을 서술하시오.

Tip 공기가 상승하면 부피가 팽창하면서 온도가 내려간다.
Key Word 외부 기압, 단열 팽창, 온도, 이슬점

03 그림은 빙정설을 나타낸 것이다.

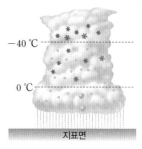

빙정설에서 내리는 비를 차가운 비라고 하는 이유를 구름이 생성되는 지역과 강수 과정으로 서술하시오.

Tip 빙정설에서는 얼음 알갱이가 녹아서 비가 된다.
Key Word 구름 온도, 얼음 알갱이, 물방울

4 기압과 바람

❶ 기압

1. 기압: 공기가 충돌하면서 단위 넓이에 작용하는 힘
  (1) **기압의 방향**: 모든 방향으로 작용한다.
  (2) 기체는 모든 방향으로 끊임없이 움직이면서 충돌한다.

2. 토리첼리의 기압의 측정
  (1) 유리관 속 수은이 약 76 cm 높이에서 멈춘다. ➡ 76 cm의 수은 기둥이 누르는 압력이 기압의 크기와 같기 때문
  (2) 기압이 일정하면 유리관을 기울이거나 유리관의 굵기를 다르게 해도 수은 기둥의 높이가 일정하다.
  (3) 기압이 높아지면 수은 기둥의 높이는 높아진다.

3. 기압의 크기

> 1기압＝76 cmHg＝760 mmHg≒1013 hPa(헥토파스칼)

4. 기압의 변화
  (1) 기압은 측정하는 장소와 시간에 따라 변한다.
  (2) 높이 올라갈수록 기압이 낮아진다.

❷ 바람

1. 바람: 기압이 높은 곳에서 낮은 곳으로 공기가 수평으로 이동하는 흐름
  (1) **바람이 부는 원인**: 두 지점 사이에 생기는 기압 차이
  (2) **바람의 세기(풍속)**: 기압 차이가 클수록 빨라진다.

2. 해륙풍: 바닷가에서 하루를 주기로 풍향이 바뀌는 바람

구분	해풍	육풍
기온	바다＜육지	바다＞육지
기압	바다＞육지	바다＜육지
풍향	바다 → 육지	육지 → 바다
모습	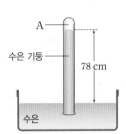	

3. 계절풍: 1년을 주기로 풍향이 바뀌는 바람
  (1) **남동 계절풍**: 여름, 해양에서 대륙으로 부는 바람
  (2) **북서 계절풍**: 겨울, 대륙에서 해양으로 부는 바람

---

1 기압

01 다음 현상이 나타나는 원리는 무엇인가?

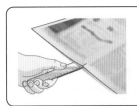

> 펼친 신문지를 자로 빠르게 들어 올리면 잘 올라오지 않는다.

① 신문지 위쪽 기압이 낮기 때문이다.
② 신문지가 누르는 압력이 크기 때문이다.
③ 기압이 모든 방향으로 작용하기 때문이다.
④ 바람은 기압 차이에 의해 생성되기 때문이다
⑤ 공기의 양이 많을수록 기압이 커지기 때문이다.

02 오른쪽 그림은 어느 지역에서 토리첼리의 실험으로 기압을 측정한 결과를 나타낸 것이다. 이에 대한 설명으로 옳은 것만을 〈보기〉에서 있는 대로 고른 것은?

┤ 보기 ├
ㄱ. A에는 공기가 들어 있다.
ㄴ. 이 지역의 기압은 1기압보다 낮다.
ㄷ. 유리관을 기울여도 수은 기둥의 높이는 같다.

① ㄱ   ② ㄷ   ③ ㄱ, ㄴ
④ ㄴ, ㄷ   ⑤ ㄱ, ㄴ, ㄷ

03 다음 (가)~(라)의 기압의 크기를 옳게 비교한 것은?

> (가) 1013 hPa
> (나) 물기둥 12 m가 누르는 압력
> (다) 수은 기둥 75 cm가 누르는 압력
> (라) 수은 기둥 730 mm가 누르는 압력

① (가)＞(나)＞(다)＞(라)
② (가)＞(라)＞(다)＞(나)
③ (나)＞(가)＞(다)＞(라)
④ (다)＞(가)＞(나)＞(라)
⑤ (라)＞(다)＞(가)＞(나)

중요
04 그림 (가)~(다)는 서로 다른 세 장소에서 토리첼리의 실험으로 기압을 측정한 것이다.

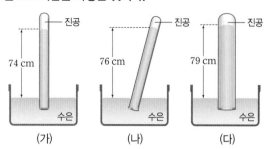

(가)~(다) 장소에서의 기압을 옳게 비교한 것은?

① (가)>(나)>(다)   ② (가)>(다)>(나)
③ (나)>(가)>(다)   ④ (나)>(다)>(가)
⑤ (다)>(나)>(가)

2 바람

중요
05 그림은 밤에 해안가에 부는 바람을 나타낸 것이다.

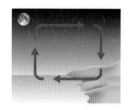

위 바람의 이름과 바람이 불 때의 기온, 기압을 옳게 비교한 것은?

	이름	기온 비교	기압 비교
①	해풍	육지>바다	바다>육지
②	해풍	바다>육지	바다>육지
③	육풍	바다>육지	육지>바다
④	육풍	바다>육지	바다>육지
⑤	육풍	육지>바다	바다>육지

06 오른쪽 그림은 북서 계절풍을 나타낸 것이다. 이에 대한 설명으로 옳지 <u>않은</u> 것은?

① 겨울에 분다.
② 하루를 주기로 방향이 바뀐다.
③ 해양의 기온이 대륙보다 높다.
④ 대륙의 기압이 해양보다 높다.
⑤ 대륙이 해양보다 빨리 냉각되었기 때문에 기압 차이가 발생한다.

실전 서논술형 문제

01 오른쪽 그림은 높이에 따른 기압의 변화를 나타낸 것이다. 수은을 이용하여 기압을 측정하는 실험을 높이 올라가면서 계속 실시한다면 수은 기둥의 높이는 어떻게 달라지는지 쓰고, 그 이유를 서술하시오.

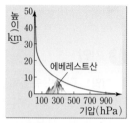

Tip 높이 올라갈수록 기압은 낮아지고, 수은 기둥의 높이도 변한다.
Key Word 기압, 수은 기둥 압력

_____
_____

02 그림에서 A 지역은 지표면이 부분적으로 가열되고, B 지역은 부분적으로 냉각되고 있다.

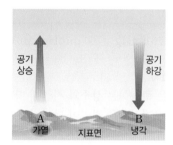

지표면에서 바람이 부는 방향을 쓰고, 그 이유를 서술하시오.

Tip 가열되는 곳은 기압이 낮아지고, 냉각되는 곳은 기압이 높아진다.
Key Word 공기, 상승, 하강, 기압

_____
_____

03 오른쪽 그림은 어느 해안 지역에서의 공기 이동 모습을 나타낸 것이다. 이 바람의 이름과 이러한 바람이 부는 이유를 서술하시오.

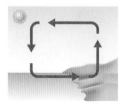

Tip 낮에는 육지가 바다보다 빨리 가열된다.
Key Word 낮, 기압, 기온

_____
_____

5 날씨의 변화

❶ 기단

1. 기단: 넓은 범위에 걸쳐 기온과 습도 등의 성질이 비슷한 거대한 공기 덩어리

2. 기단의 성질: 만들어진 장소의 성질에 따라 달라진다.

3. 우리나라 날씨에 영향을 주는 기단

기단	계절
양쯔강 기단	봄, 가을
북태평양 기단	여름
오호츠크해 기단	초여름
시베리아 기단	겨울

▲ 우리나라에 영향을 주는 기단

❷ 전선

1. 전선면과 전선

(1) **전선면**: 성질이 다른 두 기단이 만나서 생기는 경계면

(2) **전선**: 전선면과 지표면이 만나서 이루는 경계선

2. 전선의 종류

(1) **한랭 전선**: 찬 공기가 따뜻한 공기 쪽으로 이동하여 따뜻한 공기 아래로 파고들 때 생긴 전선

(2) **온난 전선**: 따뜻한 공기가 찬 공기 쪽으로 이동하여 찬 공기 위로 올라갈 때 생긴 전선

구분	한랭 전선	온난 전선
모습		
전선면 기울기	급하다.	완만하다.
구름	적운형 구름	층운형 구름
비	소나기성 비	지속적인 약한 비
강수 구역	좁은 지역	넓은 지역
이동 속도	빠르다.	느리다.

(3) **폐색 전선**: 온난 전선보다 이동 속도가 빠른 한랭 전선이 온난 전선과 만나 겹쳐져서 생긴 전선

(4) **정체 전선**: 세력이 비슷한 두 기단이 한곳에 오랫동안 머무르면서 생기는 전선

❸ 기압과 날씨

1. 고기압과 저기압

구분	고기압	저기압
정의	주변보다 기압이 높은 곳	주변보다 기압이 낮은 곳
바람 (북반구)	시계 방향으로 불어 나간다.	시계 반대 방향으로 불어 들어간다.
중심부	하강 기류가 발달	상승 기류가 발달
날씨	구름이 없고 날씨가 맑다.	구름이 형성되고 흐리거나 비 또는 눈

2. 온대 저기압: 중위도 지방에서 자주 발생하는 저기압

(1) **특징**: 중심에서 남서쪽으로 한랭 전선, 남동쪽으로 온난 전선을 동반한다.

(2) **온대 저기압 주변의 날씨**: A−B−C의 순서로 전선이 통과한다.

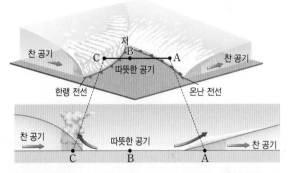

구분	A 지역	B 지역	C 지역
기온	낮다.	높다.	낮다.
날씨	지속적인 비	맑음	소나기성 비

❹ 날씨 변화

1. 일기도: 여러 지역의 동일 시각 대기 상태를 수집하여 한 눈에 알아보기 쉽게 작성한 지도

2. 우리나라 계절별 기압 배치 및 날씨 특징

구분	특징
봄	이동성 고기압과 저기압이 자주 지나가서 날씨가 자주 바뀐다.
여름	남고북저형 기압 배치, 무더위와 열대야가 나타난다.
가을	• 이동성 고기압과 저기압이 자주 지나간다. • 맑은 하늘이 자주 나타나고, 낮밤의 기온 차가 크다.
겨울	서고동저형 기압 배치, 한파가 폭설이 나타난다.

중단원 실전 문제

1 기단

[01~02] 그림은 우리나라 날씨에 영향을 주는 기단의 성질을 나타낸 것이다.

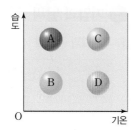

01 A~D 기단 중 (가) 대륙에서 생성된 기단과 (나) 해양에서 생성된 기단을 옳게 짝 지은 것은?

	(가)	(나)
①	A	B, C, D
②	A, B	C, D
③	A, C	B, D
④	B, D	A, C
⑤	B, C, D	A

02 A~C 기단에 대한 설명으로 옳은 것만을 〈보기〉에서 있는 대로 고르시오.

┤ 보기 ├
ㄱ. A 기단과 C 기단이 만나면 우리나라에 장마 전선을 형성한다.
ㄴ. B 기단은 춥고 건조한 우리나라 겨울 날씨에 영향을 준다.
ㄷ. 우리나라 여름 날씨는 C 기단의 영향을 받아 무덥고 습하다.

2 전선

03 오른쪽 그림은 따뜻한 공기가 이동하여 찬 공기와 만나 전선을 형성하는 모습을 나타낸 것이다. 이에 대한 설명으로 옳지 않은 것은?

① 온난 전선이다.
② 전선면의 기울기가 완만하다.
③ 전선면에서 적운형 구름이 생긴다.
④ 전선이 통과한 후 기온이 높아진다.
⑤ 전선의 앞쪽에서 지속적인 약한 비가 내린다.

---

04 그림은 한랭 전선을 나타낸 것이다.

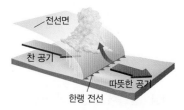

이에 대한 설명으로 옳은 것만을 〈보기〉에서 있는 대로 고른 것은?

┤ 보기 ├
ㄱ. 전선 통과 전에는 기온이 낮고 소나기가 내린다.
ㄴ. 전선면의 기울기가 급하고 적운형 구름이 생성된다.
ㄷ. 전선이 통과한 후에는 기온이 높고 날씨가 맑아진다.

① ㄱ   ② ㄴ   ③ ㄱ, ㄷ
④ ㄴ, ㄷ   ⑤ ㄱ, ㄴ, ㄷ

3 기압과 날씨

05 북반구의 고기압 중심부에서 부는 바람의 방향과 공기의 연직 운동을 옳게 나타낸 것은?

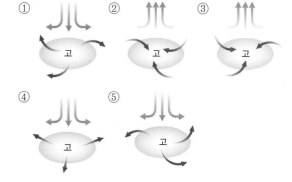

06 그림은 온대 저기압의 모습을 나타낸 것이다.

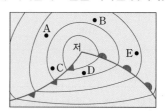

A~E 중 (가) 소나기가 올 것으로 예상되는 지역과 (나) 기온이 가장 높을 것으로 예상되는 지역의 기호를 각각 쓰시오.

[07~08] 그림은 온대 저기압의 모습을 나타낸 것이다.

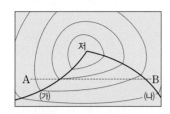

07 (가)와 (나) 전선의 이름을 각각 쓰시오.

08 A−B의 수직 단면도를 옳게 나타낸 것은?

① 따뜻한 공기 / 찬 공기 → → 찬 공기
② 따뜻한 공기 / 찬 공기 → → 따뜻한 공기
③ 찬 공기 / 찬 공기 → → 따뜻한 공기
④ 따뜻한 공기 / 찬 공기 → → 따뜻한 공기
⑤ 따뜻한 공기 / 찬 공기 → → 찬 공기

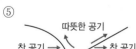

❹ 날씨 변화

09 그림과 같은 일기도가 나타나는 우리나라 계절의 날씨 특징으로 옳은 것만을 〈보기〉에서 있는 대로 고르시오.

┤ 보기 ├
ㄱ. 무더위   ㄴ. 한파   ㄷ. 첫서리
ㄹ. 황사   ㅁ. 꽃샘추위   ㅂ. 열대야

실전 서논술형 문제

01 오른쪽 그림과 같이 차고 건조한 A 기단이 따뜻한 바다 쪽으로 이동하고 있다. 따뜻한 바다를 지나고 나면 A 기단의 성질은 어떻게 변하는지 쓰고, 그 이유를 서술하시오.

Tip 기단의 성질은 지표면의 성질을 닮는다.
Key Word 따뜻한 바다, 기온, 습도

02 오른쪽 그림은 우리나라 겨울과 여름의 특징적인 날씨를 나타낸 것이다. 이와 같은 날씨에 영향을 주는 기단을 각각 쓰고, 두 계절의 날씨 특징을 그 기단의 성질과 관련지어 서술하시오.

Tip 겨울에는 시베리아 기단, 여름에는 북태평양 기단의 영향을 받는다.
Key Word 시베리아 기단, 북태평양 기단, 한랭 건조, 고온 다습

03 오른쪽 그림은 우리나라에 정체 전선이 형성되어 있는 모습을 나타낸 것이다. 이 전선을 형성한 두 기단의 이름을 쓰고, 이때 우리나라 날씨는 어떠한지 서술하시오.

Tip 정체 전선은 많은 비를 내려 장마 전선이라고도 한다.
Key Word 장마 전선, 오호츠크해 기단, 북태평양 기단

III 운동과 에너지

1 등속 운동과 자유 낙하 운동

❶ 운동의 기록

1. 물체의 속력

(1) 물체의 빠르기 비교
- 같은 시간이 걸렸을 때 이동한 거리가 길수록 속력이 빠르다.
- 같은 거리를 이동했을 때 걸린 시간이 짧을수록 속력이 빠르다.

(2) 속력: 단위시간(1초, 1분, 1시간) 동안 물체가 이동한 거리

$$속력 = \frac{이동\ 거리}{걸린\ 시간}$$

2. 운동의 기록

(1) 일정한 시간 간격으로 찍은 사진의 분석
- 물체 사이의 간격이 넓을수록 속력이 빠르다.

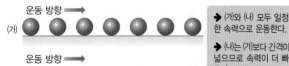

➡ (가)와 (나) 모두 일정한 속력으로 운동한다.

➡ (나)는 (가)보다 간격이 넓으므로 속력이 더 빠르다.

(2) 시간-이동 거리 그래프를 통해 물체의 빠르기를 비교
- 그래프의 기울기는 물체의 속력을 의미한다.

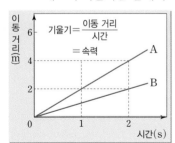

- 기울기 $= \dfrac{이동\ 거리}{시간} = 속력$
- A의 속력 $= \dfrac{4\ m}{2\ s} = 2\ m/s$
- B의 속력 $= \dfrac{2\ m}{2\ s} = 1\ m/s$
➡ A의 속력은 B의 2배이다.

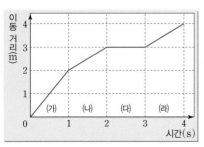

➡ (가)~(라) 구간 중 (가) 구간에서의 속력이 가장 빠르다.

➡ (다) 구간에서는 움직이지 않고 정지해 있다.

➡ (나) 구간과 (라) 구간에서의 속력이 같다.

❷ 등속 운동과 자유 낙하 운동

1. 등속 운동: 운동하는 물체의 속력이 일정한 운동

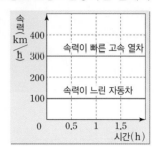
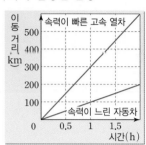

2. 자유 낙하 운동

(1) 자유 낙하 운동: 정지해 있던 물체가 중력만을 받아 아래로 떨어지는 운동
- 물체의 종류에 관계없이 속력이 매초 9.8 m/s씩 일정하게 증가한다.
- 일정한 시간 동안 이동한 거리가 점점 늘어난다.

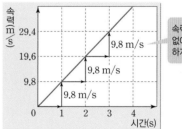

속력은 물체의 질량에 관계없이 매초 9.8 m/s씩 일정하게 증가한다.

(2) 자유 낙하 운동을 하는 물체에 작용하는 힘: 물체에 연직 아래 방향으로 작용하는 중력
➡ 중력의 크기 $= 9.8 \times$ 질량

(3) 서로 다른 두 물체의 낙하

공기 중에서 낙하 하는 경우	진공에서 낙하 하는 경우
공기 저항을 많이 받는 깃털이 더 늦게 낙하한다.	공기 저항을 받지 않아 두 물체가 같이 낙하한다.

중단원 실전 문제

① 운동의 기록

01 100 m를 20초에 달린 학생의 속력은?

① 5 m/s ② 10 m/s ③ 20 m/s
④ 100 m/s ⑤ 2000 m/s

02 민규는 집에서 2 km 떨어진 학교에 걸어가는 데 30분이 걸린다. 집에서 학교까지 가는 동안 민규의 속력은?

① 0.5 km/h ② 1 km/h ③ 2 km/h
④ 4 km/h ⑤ 8 km/h

03 72 km/h의 속력으로 달리는 자동차가 10초 동안 이동하는 거리는?

① 10 m ② 20 m ③ 100 m
④ 200 m ⑤ 400 m

04 그림은 운동하는 어떤 물체의 이동 거리를 시간에 따라 나타낸 것이다.

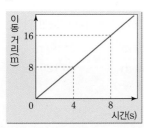

이에 대한 설명으로 옳은 것만을 〈보기〉에서 있는 대로 고른 것은?

┌ 보기 ├─
ㄱ. 같은 시간 동안 이동한 거리가 일정하다.
ㄴ. 속력이 점점 증가한다.
ㄷ. 속력이 2 m/s이다.

① ㄱ ② ㄴ ③ ㄱ, ㄷ
④ ㄴ, ㄷ ⑤ ㄱ, ㄴ, ㄷ

05 표는 어떤 수레의 위치를 시간에 따라 나타낸 것이다.

시간(초)	0	1	2	3	4	5
출발점으로부터 위치(cm)	0	1.5	4.5	9.0	15.0	22.5

이 수레의 이동 거리를 시간에 따라 나타낸 그래프로 옳은 것은?

06 그림은 운동하는 장난감 자동차의 모습을 0.2초 간격으로 나타낸 것이다.

장난감 자동차의 속력은?

① 0.5 m/s ② 1 m/s ③ 2 m/s
④ 4 m/s ⑤ 10 m/s

07 그림은 직선상에서 일정한 속력으로 운동하는 두 자동차 A, B의 운동 방향과 속력을 나타낸 것이다.

A가 300 m를 이동하는 동안 B의 이동 거리는?

① 20 m ② 40 m ③ 150 m
④ 300 m ⑤ 400 m

08 그림은 어떤 물체의 운동을 시간과 이동 거리의 관계로 나타낸 것이다.

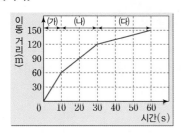

각 구간에서의 속력을 옳게 짝 지은 것은?

	(가)	(나)	(다)
①	1 m/s	2 m/s	6 m/s
②	6 m/s	2 m/s	1 m/s
③	6 m/s	3 m/s	1 m/s
④	3 m/s	6 m/s	1 m/s
⑤	2 m/s	1 m/s	3 m/s

② 등속 운동과 자유 낙하 운동

[09~10] 표는 운동하는 물체의 이동 거리를 시간에 따라 나타낸 것이다.

시간(s)	0	1	2	3	4	5
이동 거리(cm)	0	50	100	150	200	250

09 <small>중요</small> 이 물체의 속력을 시간에 따라 나타낸 그래프로 옳은 것은?

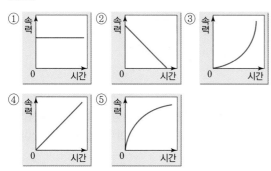

10 이 물체가 같은 속력으로 2분 동안 이동하는 거리는?

① 10 m ② 20 m ③ 30 m
④ 60 m ⑤ 120 m

11 등속 운동을 하는 물체의 시간에 따른 이동 거리의 그래프로 옳은 것은?

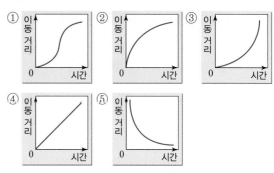

[12~13] 그림은 운동하는 자동차의 속력을 시간에 따라 나타낸 것이다.

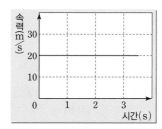

12 자동차의 속력은?

① 10 m/s ② 20 m/s ③ 30 m/s
④ 60 m/s ⑤ 120 m/s

13 3초 동안 자동차가 이동한 거리는?

① 20 m ② 30 m ③ 40 m
④ 60 m ⑤ 120 m

14 <small>중요</small> 그림은 공의 운동을 0.1초 간격으로 찍은 사진이다.

이 공이 같은 속력으로 10초 동안 운동할 때 이동한 거리는?

① 5 m ② 10 m ③ 15 m
④ 20 m ⑤ 25 m

15 그림과 같이 진공에서 구슬과 깃털을 동시에 놓아 낙하시킬 때에 대한 설명으로 옳은 것만을 〈보기〉에서 있는 대로 고른 것은?

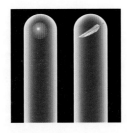

┤ 보기 ├
ㄱ. 구슬이 깃털보다 속력이 더 빠르게 증가한다.
ㄴ. 깃털의 속력은 항상 일정하다.
ㄷ. 구슬과 깃털은 동시에 바닥에 도달한다.

① ㄱ 　　② ㄷ 　　③ ㄱ, ㄴ
④ ㄴ, ㄷ 　　⑤ ㄱ, ㄴ, ㄷ

[16~17] 그림은 질량이 2 kg인 공이 자유 낙하 운동을 하는 모습을 일정한 시간 간격으로 나타낸 것이다.

운동 방향 ↓
0
4.9 m
19.6 m
44.1 m
78.4 m

16 공에 작용하는 중력의 크기는?
① 1 N 　　② 2 N
③ 9.8 N 　　④ 19.6 N
⑤ 39.2 N

17 공의 속력을 시간에 따라 나타낸 그래프로 옳은 것은?

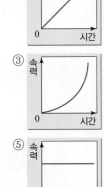

실전 서논술형 문제

01 그림은 직선상에서 운동하는 장난감 자동차의 위치를 1초마다 나타낸 것이다. 이 자동차의 시간에 따른 속력의 변화를 서술하시오.

→ 운동 방향
5 cm ├─15 cm─┤─25 cm─┤──35 cm──┤

Tip 일정한 시간 동안 이동한 거리는 속력에 비례한다.
Key Word 속력

02 그림은 과속 단속 카메라의 원리에 대한 설명이다.

자동차가 과속 단속 카메라 앞의 두 지점을 통과하면 자동차의 속력을 계산하여 자동차의 속력이 허용 범위를 넘을 때 카메라로 촬영을 한다.

과속 단속 카메라
두 번째 통과 지점
첫 번째 통과 지점
센서2 센서1

이때 자동차의 속력을 계산하는 과정을 그림과 연결하여 서술하시오.

Tip 속력은 걸린 시간과 이동 거리를 이용하여 구한다.
Key Word 속력, 시간, 이동 거리

03 지구에서 물체가 받는 중력의 크기는 질량×9.8이다. 어떤 물체가 3초 동안 자유 낙하 운동을 한 후 2초 동안 등속 운동을 하였다. 이 물체의 시간에 따른 속력을 그래프에 나타내시오.

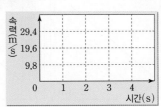

속력(m/s)
29.4
19.6
9.8
0 1 2 3 4
시간(s)

Tip 자유 낙하 운동 구간에서는 매초 속력이 일정하게 증가하고, 등속 운동 구간에서는 속력이 일정하다.
Key Word 자유 낙하 운동, 등속 운동

일과 에너지

❶ 일과 에너지

1. 일

(1) 과학에서의 일: 물체에 힘을 작용하여 물체가 힘의 방향으로 이동한 경우 물체에 일을 한 것이다.

(2) 일의 양: 물체에 작용한 힘의 크기와 물체가 힘의 방향으로 이동한 거리를 곱하여 구한다.

> 일(W)=힘(F)×힘의 방향으로 이동한 거리(s)

(3) 일의 단위: J(줄)
- 1 J: 물체에 1 N의 힘을 주어 1 m만큼 이동한 경우
- $1\,N \times 1\,m = 1\,N\cdot m = 1\,J$

2. 에너지

(1) 에너지의 정의: 일을 할 수 있는 능력

(2) 에너지의 단위: 일의 단위와 같은 J(줄)을 사용

(3) 일과 에너지의 관계: 물체에 일을 해 주면 물체의 에너지는 증가하고, 에너지를 가진 물체가 일을 하면 물체의 에너지는 감소한다.

❷ 위치 에너지와 운동 에너지

1. (중력에 의한) 위치 에너지: 높은 곳에 있는 물체가 가지는 에너지

(1) 위치 에너지의 크기

물체의 질량이 일정할 때	물체의 높이가 일정할 때
위치 에너지(J), 질량 일정 / 0 높이(m)	위치 에너지(J), 높이 일정 / 0 질량(kg)
위치 에너지는 기준면으로부터 물체의 높이에 비례한다.	위치 에너지는 물체의 질량에 비례한다.

➡ E_p(위치 에너지)$=9.8 \times m$(질량)$\times h$(높이)

(2) 중력에 대해 한 일과 위치 에너지: 물체에 힘을 작용하여 들어 올리는 일을 하면 위치 에너지가 증가한다.

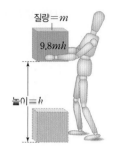

> 중력에 대해 한 일
> =무게×높이
> =9.8×질량×높이
> =중력에 의한 위치 에너지

2. 운동 에너지: 운동하는 물체가 가지는 에너지

(1) 운동 에너지의 크기

물체의 속력이 일정할 때	물체의 질량이 일정할 때
운동 에너지(J), 속력 일정 / 0 질량(kg)	운동 에너지(J), 질량 일정 / 0 속력²(m/s)²
운동 에너지는 물체의 질량에 비례한다.	운동 에너지는 물체의 속력의 제곱에 비례한다.

➡ E_k(운동 에너지)$=\dfrac{1}{2} \times m$(질량)$\times v^2$(속력의 제곱)

(2) 운동 에너지와 일의 관계: 물체에 일을 해 준만큼 물체의 운동 에너지는 증가하고, 운동 에너지를 가진 물체가 일을 하면 물체의 운동 에너지는 감소한다.
- 운동 에너지를 가진 수레가 물체를 미는 일을 하면 수레의 운동 에너지는 감소한다.

(3) 중력이 한 일과 운동 에너지: 중력에 의해 물체가 낙하하면 중력이 한 일만큼 운동 에너지가 증가한다.

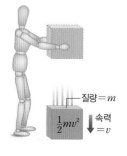

> 중력이 한 일
> =무게×낙하 거리(높이)
> =9.8×질량×높이
> =운동 에너지

중단원 실전 문제

1 일과 에너지

01 다음은 철수와 영희가 나누는 대화의 내용이다.

> 철수: 일 다 했어?
> 영희: 응. 너도 다 했구나.
> 철수: 넌 얼마나 일을 했어?
> 영희: 난 상자 3개를 1층에서 3층까지 옮겼어.
> 철수: 힘들었겠다. 나는 상자 2개를 1층에서 4층
> 까지 옮겼어.

철수와 영희가 옮긴 상자 1개당 무게가 동일하고 각 층 사이의 높이가 일정할 때, 철수가 한 일의 양은 영희가 한 일의 양의 몇 배인가?

① $\frac{1}{4}$배   ② $\frac{1}{2}$배   ③ 같다

④ 2배   ⑤ 4배

02 일에 대한 설명으로 옳지 않은 것은?

① 일의 단위로 N·m 또는 J을 사용한다.
② 힘의 크기에 힘의 방향으로 이동한 거리를 곱한 값을 한 일의 양이라고 한다.
③ 물체에 1 N의 힘을 작용하여 1 cm 이동하였을 때 한 일의 양은 1 J이다.
④ 힘과 이동 방향이 서로 수직일 때 한 일의 양은 0 이다.
⑤ 큰 힘을 작용해도 물체가 움직이지 않으면 한 일 의 양은 0이다.

(중요)
03 그림은 물체에 작용한 힘과 이동 거리 사이의 관계를 나타낸 것이다.

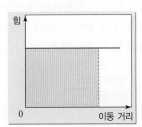

이때 작용한 힘과 이동 거리에 의한 사각형의 넓이가 의미하는 것은?

① 속력   ② 일의 양   ③ 마찰력
④ 중력   ⑤ 시간

04 그림과 같이 영수는 B, C, D 세 개의 벽돌을 1 m 높이만큼 위로 올리고 A 벽돌을 2 m만큼 수평으로 움직였다.

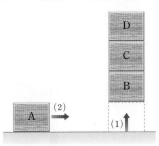

벽돌 하나의 무게가 10 N이고, A를 밀 때 5 N의 일정한 힘을 작용했다면, 영수가 한 일의 양은?

① 0   ② 20 J   ③ 30 J
④ 40 J   ⑤ 80 J

(중요)
05 그림과 같이 수평면 위에 나무 도막을 놓고 용수철저울을 이용하여 일정한 빠르기로 끌어당겼다.

수평면

용수철저울의 눈금이 4 N을 가리키고 나무 도막이 50 cm를 이동한다면, 이때 한 일의 양은?

① 2 J   ② 4 J   ③ 50 J
④ 100 J   ⑤ 200 J

06 과학에서의 일과 에너지에 대한 설명으로 옳은 것만을 〈보기〉에서 있는 대로 고른 것은?

> **보기**
> ㄱ. 에너지는 일을 할 수 있는 능력이다.
> ㄴ. 물체에 힘을 작용하여 일을 하면 한 일의 양만큼 물체의 에너지가 증가한다.
> ㄷ. 물체가 일을 하면 물체의 에너지는 감소한다.

① ㄱ   ② ㄴ   ③ ㄱ, ㄷ
④ ㄴ, ㄷ   ⑤ ㄱ, ㄴ, ㄷ

2 위치 에너지와 운동 에너지

07 그림과 같이 지면으로부터 0.8 m 높이에 질량이 500 g 인 책이 놓여 있다.

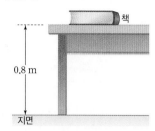

지면을 기준면으로 할 때, 책의 위치 에너지는?

① 0.5 J   ② 0.8 J   ③ 1.96 J
④ 3.92 J   ⑤ 7.84 J

08 그림은 자유 낙하 한 추를 나무 도막과 충돌하게 한 후 나무 도막이 움직이는 거리를 측정하는 실험 장치를 나타낸 것이다. 이 실험에서 추의 질량이 일정할 때 추의 높이(h)와 나무 도막이 이동한 거리(s)의 관계를 옳게 나타낸 것은?

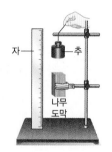

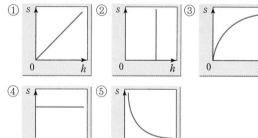

09 그림과 같이 지면으로부터 1 m 높이에 있는 질량이 5 kg인 물체를 3 m 높이로 옮겼다. 이때 위치 에너지의 변화량은?

① 49 J   ② 98 J
③ 196 J   ④ 392 J
⑤ 784 J

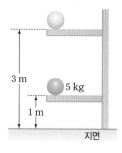

[10~11] 그림은 운동하는 수레가 책 사이에 낀 자와 충돌한 후 자의 이동 거리를 측정하는 실험 장치를 나타낸 것이고, 표는 이 실험의 결과를 나타낸 것이다.

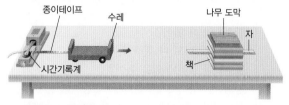

실험	수레의 질량(kg)	수레의 속력(m/s)	자의 이동 거리(cm)
A	1	1	5
B	2	1	(가)
C	1	2	20
D	2	2	40

10 이에 대한 설명으로 옳은 것만을 〈보기〉에서 있는 대로 고른 것은?

┤ 보기 ├
ㄱ. (가)에 들어갈 값은 20이다.
ㄴ. 수레의 속력과 운동 에너지 사이의 관계를 확인하려면 실험 A와 C를 비교하면 된다.
ㄷ. 수레의 질량이 3 kg이고 수레의 속력이 1 m/s이면 자의 이동 거리는 15 cm이다.

① ㄱ   ② ㄴ   ③ ㄷ
④ ㄱ, ㄴ   ⑤ ㄴ, ㄷ

11 실험 D에서 수레의 운동 에너지는?

① 0.5 J   ② 1 J   ③ 2 J
④ 4 J   ⑤ 8 J

12 그림과 같이 수평면에서 2 m/s의 속력으로 운동하던 질량이 500 g인 수레가 정지해 있던 나무 도막을 10 cm 밀고 간 후에 정지하였다.

수레가 나무 도막에 한 일의 양은? (단, 수레와 바닥 사이의 마찰은 무시한다.)

① 0.5 J   ② 1 J   ③ 2 J
④ 4 J   ⑤ 8 J

13 그림은 서로 다른 두 물체 A, B의 속력에 따른 운동 에너지를 나타낸 것이다.

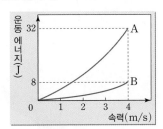

A의 질량은 B의 몇 배인가?

① 2배   ② 3배   ③ 4배
④ 8배   ⑤ 16배

14 그림과 같이 질량이 1 kg인 공을 A점에서 잡고 있다가 가만히 놓았더니, B점을 지날 때의 운동 에너지가 19.6 J이었다. A점과 B점의 높이 차는? (단, 공기 저항은 무시한다.)

① 0.5 m   ② 1 m   ③ 2 m
④ 4 m   ⑤ 8 m

중요
15 그림과 같이 질량이 1 kg인 물체를 지면에서 높이 h만큼 서서히 들어 올렸더니 위치 에너지가 19.6 J이 되었다.

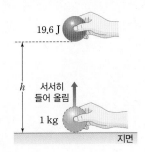

이때 공의 높이 h는?

① 0.5 m   ② 1 m   ③ 2 m
④ 4 m   ⑤ 8 m

실전 서논술형 문제

01 그림 (가), (나)는 과학적으로 한 일의 양이 0인 경우이다. 그 까닭을 각각 서술하시오.

(가)   (나)

Tip 일의 양은 물체에 작용한 힘의 크기와 힘의 방향으로 이동한 거리를 곱한 것이다.
Key Word 일, 힘, 이동 거리

02 그림과 같이 질량이 5 kg인 물체를 2 m 높이만큼 들어 올렸다. 이때 한 일의 양을 구하고, 한 일이 어떤 에너지로 전환되는지 에너지의 종류를 이용하여 서술하시오.

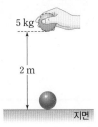

Tip 중력에 대해 한 일만큼 에너지가 증가한다.
Key Word 중력에 대해 한 일, 위치 에너지

03 제한 속력이 100 km/h인 고속도로에서 차간 안전거리는 100 m이다. 만약 제한 속력이 200 km/h가 된다면 차간 안전거리는 얼마가 되어야 하는지 쓰고, 그 까닭을 서술하시오.

Tip 물체의 운동 에너지는 속력의 제곱에 비례한다.
Key Word 운동 에너지, 속력

IV 자극과 반응

1 감각 기관

❶ 시각

1. 시각: 눈에서 빛을 자극으로 받아들여 사물의 모양, 색깔, 거리 등을 느끼는 감각

2. 눈의 구조와 기능

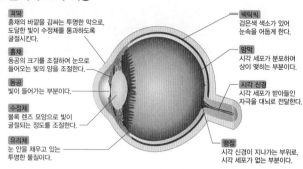

각막
홍채의 바깥을 감싸는 투명한 막으로, 도달한 빛이 수정체를 통과하도록 굴절시킨다.

홍채
동공의 크기를 조절하여 눈으로 들어오는 빛의 양을 조절한다.

동공
빛이 들어가는 부분이다.

수정체
볼록 렌즈 모양으로 빛이 굴절되는 정도를 조절한다.

유리체
눈 안을 채우고 있는 투명한 물질이다.

백목막
검은색 색소가 있어 눈속을 어둡게 한다.

망막
시각 세포가 분포하여 상이 맺히는 부분이다.

시각 신경
시각 세포가 받아들인 자극을 대뇌로 전달한다.

맹점
시각 신경이 지나가는 부위로, 시각 세포가 없는 부분이다.

3. 시각의 전달 경로: 빛 → 각막 → 동공 → 수정체 → 유리체 → 망막(시각 세포) → 시각 신경 → 대뇌

4. 눈의 조절 작용

(1) 밝기에 따른 눈의 변화(명암 조절)

어두울 때	밝을 때
홍채 ⇒ 축소됨	홍채 ⇒ 확장됨
동공 ⇒ 커짐	동공 ⇒ 작아짐

(2) 거리에 따른 눈의 변화(원근 조절)

가까운 곳을 볼 때	먼 곳을 볼 때
수정체의 두께가 두꺼워짐	수정체의 두께가 얇아짐

❷ 피부 감각

1. 피부 감각: 물리적 자극이나 온도 변화가 자극이 되어 느끼는 감각

- **감각점의 종류:** 통점(아픔), 압점(압력), 촉점(접촉), 냉점(차가움), 온점(따뜻함)

2. 피부 감각의 전달 경로: 물리적 자극이나 온도 변화 → 피부(감각점) → 감각 신경 → 대뇌

3. 감각점의 분포: 신체 부위에 따라 감각점의 분포 정도가 다르다.

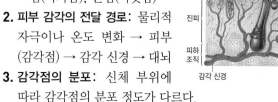

❸ 청각과 평형 감각

1. 청각: 소리(음파)를 자극으로 받아들여 느끼는 감각

2. 귀의 구조와 기능

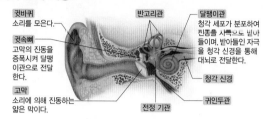

귓바퀴
소리를 모은다.

귓속뼈
고막의 진동을 증폭시켜 달팽이관으로 전달한다.

고막
소리에 의해 진동하는 얇은 막이다.

반고리관

전정 기관

달팽이관
청각 세포가 분포하여 진동을 자극으로 받아들이며, 받아들인 자극을 청각 신경을 통해 대뇌로 전달한다.

청각 신경

귀인두관

3. 청각의 전달 경로: 소리 → 귓바퀴 → 고막 → 귓속뼈 → 달팽이관(청각 세포) → 청각 신경 → 대뇌

4. 평형 감각

(1) 반고리관(회전 감각): 몸의 회전을 감지한다.

(2) 전정 기관(위치 감각): 몸의 기울어짐을 감지한다.

❹ 후각

1. 후각: 기체 상태의 화학 물질이 자극이 되어 냄새를 느끼는 감각

2. 후각 상피와 후각 세포

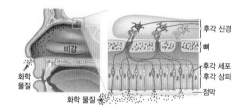

비강, 화학 물질, 후각 신경, 뼈, 후각 세포, 후각 상피, 점막, 화학 물질

3. 후각의 전달 경로: 기체 상태의 화학 물질 → 후각 상피(후각 세포) → 후각 신경 → 대뇌

4. 후각의 특징: 동일 자극에 오래 노출되면 쉽게 피로해진다.

❺ 미각

1. 미각: 액체 상태의 화학 물질이 자극이 되어 맛을 느끼는 감각

2. 혀의 구조

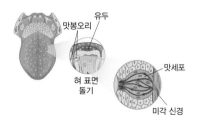

맛봉오리, 유두, 혀 표면 돌기, 맛세포, 미각 신경

3. 미각의 전달 경로: 액체 상태의 화학 물질 → 유두 → 맛봉오리(맛세포) → 미각 신경 → 대뇌

4. 기본 맛: 단맛, 짠맛, 쓴맛, 신맛, 감칠맛

중단원 실전 문제

① 시각

중요
01 그림은 사람 눈의 구조를 나타낸 것이다. A~E는 각각 각막, 망막, 홍채, 맹점, 수정체 중 하나이다.

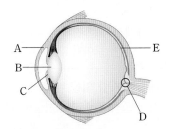

이에 대한 설명으로 옳은 것은?

① A는 동공의 크기를 조절한다.
② B에 의해 눈으로 들어오는 빛의 양이 조절된다.
③ C는 B의 두께를 조절한다.
④ D에는 시각 세포가 분포하지 않아 상이 맺혀도 보이지 않는다.
⑤ E에 의해 눈의 형태가 유지된다.

중요
02 그림은 조건에 따른 동공의 크기 변화를 나타낸 것이다.

동공의 크기가 위와 같이 변화된 까닭으로 옳은 것은?

① 먼 곳을 보다가 가까운 곳을 보았다.
② 흔들리는 자동차 속에서 책을 보았다.
③ 밝은 곳에 있다가 어두운 지하실로 내려갔다.
④ 책상에서 책을 읽다가 창밖의 먼 산을 보았다.
⑤ 밤하늘의 별을 보다가 밝은 전등 아래에서 책을 보았다.

03 수정체의 두께가 얇아지는 작용이 일어나는 경우로 옳은 것은?

① 먼 곳을 보다가 가까운 곳을 보았다.
② 공이 날아와 순간적으로 눈을 감았다.
③ 눈에 티끌이 들어가서 눈물이 나왔다.
④ 책을 보다가 먼 산의 경치를 바라보았다.
⑤ 빛이 약하게 밝혀진 손전등을 눈에 비추었다.

② 피부 감각

04 피부의 감각점에 대한 설명으로 옳은 것은?

① 통점은 진피층에 분포한다.
② 온점은 30 °C 이상의 온도를 감지한다.
③ 냉점은 10 °C 이하의 온도를 감지한다.
④ 매운맛은 통점에 의해 자극이 감지된다.
⑤ 촉각이 예민한 곳일수록 통점의 수가 많다.

③ 청각과 평형 감각

중요
05 그림은 사람 귀의 구조를 나타낸 것이다. A~E는 각각 고막, 귓속뼈, 반고리관, 달팽이관, 전정 기관 중 하나이다.

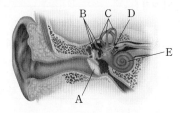

귀의 구조에 대한 설명으로 옳지 않은 것은?

① A는 공기의 진동을 귓속뼈에 전달한다.
② B는 고막의 진동을 증폭시킨다.
③ C의 고리 각각에는 감각 세포가 있다.
④ D는 몸의 기울어짐을 느낀다.
⑤ E는 몸의 회전 운동을 감지한다.

06 청각의 전달 경로로 옳은 것은?

① 소리 → 귓바퀴 → 고막 → 귓속뼈 → 달팽이관 → 청각 세포 → 청각 신경 → 대뇌
② 소리 → 귓바퀴 → 달팽이관 → 귓속뼈 → 고막 → 청각 신경 → 청각 세포 → 대뇌
③ 소리 → 귓바퀴 → 귓속뼈 → 고막 → 달팽이관 → 청각 세포 → 청각 신경 → 대뇌
④ 소리 → 귓바퀴 → 고막 → 귓속뼈 → 청각 세포 → 달팽이관 → 청각 신경 → 대뇌
⑤ 소리 → 귓바퀴 → 고막 → 달팽이관 → 귓속뼈 → 청각 세포 → 청각 신경 → 대뇌

07 다양한 귀 질환은 어지럼증을 일으킨다. 이러한 어지럼증과 관련된 몸의 자세 유지에 관여하는 부분은?

① 고막   ② 귓속뼈   ③ 반고리관
④ 전정 기관   ⑤ 달팽이관

4 후각

08 그림은 사람의 감각 기관 중 하나이다.

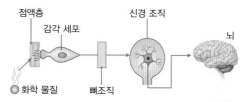

이에 대한 설명으로 옳은 것만을 〈보기〉에서 있는 대로 고른 것은?

┤ 보기 ├
ㄱ. 후각을 감지하는 감각기이다.
ㄴ. 동일 자극이 지속되면 쉽게 피로해진다.
ㄷ. 감각 세포는 기체 상태의 화학 물질에 자극을 받는다.

① ㄱ   ② ㄴ   ③ ㄷ
④ ㄴ, ㄷ   ⑤ ㄱ, ㄴ, ㄷ

5 미각

(중요)
09 그림은 사람의 감각 기관 중 일부를 나타낸 것이다. A~D는 각각 맛세포, 유두, 미각 신경, 맛봉오리 중 하나이다.

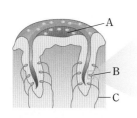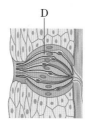

이에 대한 설명으로 옳은 것은?

① 액체 상태의 화학 물질이 자극원이다.
② A는 맛봉오리이다.
③ B는 좁쌀 모양의 돌기로 유두라고 한다.
④ C는 5가지 액체 물질을 감지한다.
⑤ D는 미각 신경을 나타낸다.

실전 서논술형 문제

01 다음은 시각의 특성에 관한 실험이다.

(가) 그림에서 30 cm 정도 떨어져 오른쪽 눈을 가리고 왼쪽 눈으로 토끼를 바라본다.

🐰 | 1 | 2 | 3 | 4 | 5 | 6 | 7 | 8 | 9 | 10 |

(나) 1에서 10까지의 숫자를 차례대로 바라보며 토끼가 보이지 않을 때의 숫자를 확인한다.

(1) 특정 숫자를 읽을 때 토끼가 사라지는 까닭을 눈의 구조와 관련지어 서술하시오.

Tip 맹점은 시각 세포가 없는 부분이다.
Key Word 맹점, 시각 세포, 물체의 상

_____

_____

(2) 왼쪽 눈을 가리고 오른쪽 눈으로 실험을 했을 때는 토끼가 사라지지 않는 까닭을 서술하시오.

Tip 맹점은 정중앙에서 봤을 때 코 쪽에 위치한다.
Key Word 맹점, 맹점의 위치

_____

_____

02 표는 두 개의 이쑤시개를 일정한 간격을 두고 동시에 접촉했을 때, 두 개의 점으로 느껴지는 최소 거리를 측정한 것이다.

〈부위별 두 점으로 인식하는 최소 거리〉

부위	발바닥	장딴지	허벅지	입	이마	어깨	팔	손바닥
평균 거리 (mm)	24	46	45	6	17	33	44	10

입이 가장 민감한 부위라고 결론내릴 수 있는 근거를 서술하시오.

Tip 감각점의 수가 많을수록 민감하다.
Key Word 감각점의 수

_____

_____

2 뉴런과 신경계

❶ 뉴런의 구조와 종류

1. 뉴런: 신경계를 이루고 있는 신경 세포

2. 뉴런의 구조
  (1) 신경 세포체: 핵과 세포질이 있는 부위
  (2) 가지 돌기: 자극을 받아들이는 짧은 돌기 모양의 구조
  (3) 축삭 돌기: 자극을 전달하는 긴 돌기 모양의 구조

3. 뉴런의 종류
  (1) 감각 뉴런: 감각기에서 받아들인 자극을 연합 뉴런으로 전달한다.
  (2) 연합 뉴런: 감각 뉴런과 운동 뉴런을 연결한다.
  (3) 운동 뉴런: 연합 뉴런의 명령을 반응기로 전달한다.

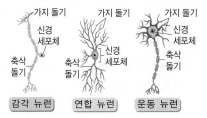

❷ 자극의 전달 방향과 경로

1. 자극의 전달 방향
  (1) 뉴런 내: 가지 돌기 → 축삭 돌기
  (2) 뉴런과 뉴런 사이: 축삭 돌기 → 다른 뉴런의 가지 돌기

2. 자극의 전달 경로: 자극 → 감각기 → 감각 뉴런 → 연합 뉴런 → 운동 뉴런 → 반응기 → 반응

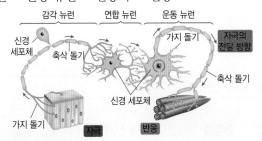

❸ 중추 신경계

1. 중추 신경계: 뇌와 척수로 구성되며, 감각기에서 받아들인 자극을 판단하고 반응할 수 있도록 명령한다.

2. 중추 신경계의 구성

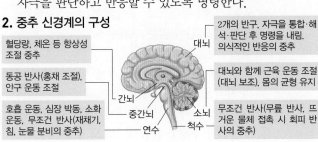

혈당량, 체온 등 항상성 조절 중추

동공 반사(홍채 조절), 안구 운동 조절

호흡 운동, 심장 박동, 소화 운동, 무조건 반사(재채기, 침, 눈물 분비의 중추)

2개의 반구, 자극을 통합·해석·판단 후 명령을 내림. 의식적인 반응의 중추

대뇌와 함께 근육 운동 조절 (대뇌 보조), 몸의 균형 유지

무조건 반사(무릎 반사, 뜨거운 물체 접촉 시 회피 반사의 중추)

대뇌 / 간뇌 / 중간뇌 / 연수 / 소뇌 / 척수

❹ 말초 신경계

1. 말초 신경계: 기능상 감각 신경과 운동 신경으로 구성되며, 구조상 12쌍의 뇌신경과 31쌍의 척수 신경으로 구성된다.
  (1) 감각 신경: 감각기에서 받아들인 자극을 중추 신경계로 전달한다.
  (2) 운동 신경: 중추 신경계의 명령을 반응기로 전달한다.

2. 운동 신경의 구분
  (1) 체성 신경계: 대뇌의 명령을 팔이나 다리 몸의 근육으로 전달하여 몸을 움직이는 데 관여한다.
  (2) 자율 신경계: 교감 신경과 부교감 신경으로 구성된다.
    ① 대뇌의 지배를 받지 않는다.
    ② 항상성 유지에 관여한다.
    〈교감 신경과 부교감 신경의 기능〉

구분	동공	침 분비	심장 박동	소화 작용	호흡 운동
교감 신경	확대	억제	촉진	억제	촉진
부교감 신경	축소	촉진	억제	촉진	억제

❺ 자극에 대한 반응 경로

1. 의식적인 반응: 대뇌가 관여한다.

> 반응 경로: 자극 → 감각기 → 감각 신경 → 대뇌 → 운동 신경 → 반응기 → 반응

2. 무조건 반사(무의식적인 반응): 대뇌가 관여하지 않는다.
  (1) 연수 반사: 침과 눈물의 분비, 재채기, 기침, 하품, 구토
  (2) 중간뇌 반사: 동공의 크기 변화(동공 반사)
  (3) 척수 반사: 무릎 반사, 순간적으로 피하는 행동

⬥ 고무망치로 무릎뼈 바로 아래를 쳤을 때 다리가 들리기까지의 경로: 자극(고무망치) → 감각기 → 감각 신경 → 척수 → 운동 신경 → 반응기(근육) → 반응(다리가 들림)

⬥ 뜨거운 다리미에 닿았을 때 순간적으로 피하는 경로: 자극(뜨거운 다리미) → 감각기(피부) → 감각 신경 → 척수 → 운동 신경 → 반응기(근육) → 반응(손을 뗌)

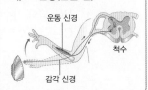

중단원 실전 문제

1 뉴런의 구조와 종류

01 그림은 뉴런의 구조를 나타낸 것이다.

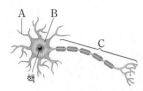

이에 대한 설명으로 옳은 것만을 〈보기〉에서 있는 대로 고른 것은?

┤ 보기 ├
ㄱ. 운동 신경을 구성하는 뉴런이다.
ㄴ. A와 B는 모두 자극을 다른 뉴런으로 전달한다.
ㄷ. C는 다른 뉴런으로부터 자극을 받아들인다.

① ㄱ   ② ㄴ   ③ ㄷ
④ ㄴ, ㄷ   ⑤ ㄱ, ㄴ, ㄷ

2 자극의 전달 방향과 경로

중요
02 그림은 자극이 전달되는 과정에 관여하는 뉴런을 나타낸 것이다.

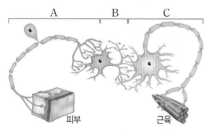

이에 대한 설명으로 옳은 것만을 〈보기〉에서 있는 대로 고른 것은?

┤ 보기 ├
ㄱ. A는 감각 신경을 구성하는 세포이다.
ㄴ. B는 뇌와 척수에서 관찰된다.
ㄷ. C는 근육으로부터 자극을 받아들인다.

① ㄱ   ② ㄴ   ③ ㄷ
④ ㄱ, ㄴ   ⑤ ㄱ, ㄴ, ㄷ

3 중추 신경계

중요
03 오른쪽 그림은 중추 신경계의 구조를 나타낸 것이다. 이에 대한 설명으로 옳지 않은 것은?

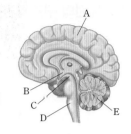

① A는 자율 신경의 중추이다.
② B는 항상성 조절의 중추이다.
③ C는 안구 운동의 반사 중추이다.
④ D는 하품, 구토, 재채기 반사의 중추이다.
⑤ E는 몸의 균형 유지를 담당한다.

04 대뇌의 작용에 해당하는 예로 옳은 것만을 〈보기〉에서 있는 대로 고른 것은?

┤ 보기 ├
ㄱ. 뜨거운 주전자에 손이 닿아 재빨리 손을 뗐다.
ㄴ. 갈비살을 입에 넣고 씹었더니 입에서 침이 나왔다.
ㄷ. 지나쳐가는 사람이 오랜만에 보는 친구라고 생각했다.

① ㄱ   ② ㄷ   ③ ㄱ, ㄴ
④ ㄴ, ㄷ   ⑤ ㄱ, ㄴ, ㄷ

4 말초 신경계

05 오른쪽 그림은 사람의 신경계를 나타낸 것이다. 이에 대한 설명으로 옳지 않은 것은?

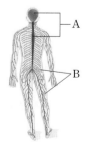

① 뇌와 척수는 A에 해당한다.
② A는 연합 뉴런으로 구성되어 있어 세포 간에 많은 연결이 이루어진다.
③ B에 속하는 체성 신경은 무릎 반사에서 감각기의 자극을 반응기로 전달한다.
④ B에 속하는 자율 신경은 대뇌의 명령을 전달한다.
⑤ B는 감각 신경과 운동 신경으로 구분된다.

06 그림은 교감 신경과 부교감 신경의 공통점과 차이점을
나타낸 것이다.

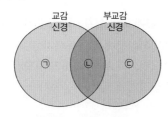

이에 대한 설명으로 옳지 <u>않은</u> 것은?

① 교감 신경과 부교감 신경은 서로 반대 작용을 한
다.
② 부교감 신경은 감각 뉴런으로 이루어져 있다.
③ '심장의 박동을 촉진한다.'는 ㉠에 해당한다.
④ '대뇌의 조절을 직접 받지 않는다.'는 ㉡에 해당
한다.
⑤ '침 분비를 촉진한다.'는 ㉢에 해당한다.

❺ 자극에 대한 반응 경로

07 그림과 같이 의자에 앉은 다음, 다리에 힘을 뺀 상태에
서 무릎뼈 바로 아래를 고무망치로 가볍게 치면 자신도
모르게 다리가 위로 올라간다.

이에 대한 설명으로 옳은 것만을 〈보기〉에서 있는 대로
고른 것은?

┤ 보기 ├
ㄱ. 척수가 중추인 반사이다.
ㄴ. 선천적으로 일어나는 반응이다.
ㄷ. 대뇌가 관여하지 않는 반응이다.

① ㄱ   ② ㄴ   ③ ㄷ
④ ㄱ, ㄴ   ⑤ ㄱ, ㄴ, ㄷ

실전 서논술형 문제

01 그림은 자극이 전달되는 과정에 관여하는 뉴런을 나타
낸 것이다.

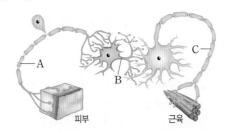

뉴런 A~C의 이름을 각각 쓰고, 자극이 전달되는 방향
을 서술하시오.

Tip 감각 뉴런은 감각기에서 받아들인 자극을 연합 뉴런으로 전달
한다.
Key Word 감각 뉴런, 연합 뉴런, 운동 뉴런

---

02 그림과 같이 의자에 앉은 다음, 다리에 힘을 뺀 상태에
서 무릎뼈 바로 아래를 고무망치로 가볍게 치면 자신도
모르게 다리가 위로 올라간다.

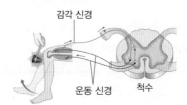

(1) 이 과정에서 이루어지는 신호 전달 경로를 순서
대로 쓰시오.

Tip 무릎 반사는 척수가 반응 중추인 반사이다.
Key Word 무릎 반사, 척수, 반응 중추

---

(2) 다리에 힘을 주고 같은 실험을 해도 자극을 주었
을 때 다리가 올라가는 까닭을 서술하시오.

Tip 무조건 반사는 대뇌가 관여하지 않는다.
Key Word 의식적인 반응, 무조건 반사

3 호르몬과 항상성

① 호르몬

1. 호르몬: 내분비샘에서 분비되는 생리 작용 조절 물질

2. 호르몬의 특성

(1) 내분비샘에서 만들어져 혈액을 통해 온몸으로 전달된다.

(2) 표적 세포 또는 표적 기관에 작용한다.

(3) 적은 양으로 생리 작용을 조절한다.

3. 호르몬의 종류와 기능

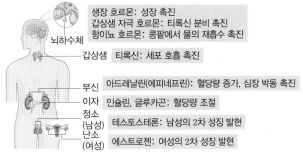

생장 호르몬: 성장 촉진
갑상샘 자극 호르몬: 티록신 분비 촉진
항이뇨 호르몬: 콩팥에서 물의 재흡수 촉진

뇌하수체

갑상샘 | 티록신: 세포 호흡 촉진

부신 | 아드레날린(에피네프린): 혈당량 증가, 심장 박동 촉진

이자 | 인슐린, 글루카곤: 혈당량 조절

정소(남성) | 테스토스테론: 남성의 2차 성징 발현

난소(여성) | 에스트로젠: 여성의 2차 성징 발현

② 항상성

1. 항상성: 체내외의 환경이 변하더라도 몸의 상태를 일정하게 유지하려는 성질

2. 항상성 유지: 항상성 조절 중추는 간뇌이다.

③ 항상성 조절의 예

1. 혈당량 조절

(1) 혈당량이 낮을 때: 이자에서 글루카곤 분비 → 간에서 글리코젠을 포도당으로 전환하여 혈액으로 방출 촉진 → 혈당량 증가

(2) 혈당량이 높을 때: 이자에서 인슐린 분비 → 간에서 포도당을 글리코젠으로 전환하여 저장, 세포에서의 포도당 흡수 촉진 → 혈당량 감소

2. 체온 조절: 체온을 일정한 수준으로 유지하기 위해 체온 조절 중추인 간뇌의 명령에 따라 호르몬과 신경계의 상호 작용을 통해 열 발생량과 열 방출량을 조절한다.

3. 체내 수분량 조절

(1) 체내 수분량이 부족할 때: 땀 분비 증가 → 체내 수분량 감소 → 간뇌에서 항이뇨 호르몬 분비 촉진 신호 → 항이뇨 호르몬 혈중 농도 증가 → 콩팥에서 물의 재흡수 촉진 → 오줌량 감소

(2) 체내 수분량이 과다할 때: 수분 과다 섭취 → 체내 수분량 과다 → 간뇌에서 항이뇨 호르몬 분비 억제 신호 → 항이뇨 호르몬 혈중 농도 감소 → 콩팥에서 물의 재흡수 감소 → 오줌량 증가

중단원 실전 문제

① 호르몬

01 호르몬에 대한 설명으로 옳지 <u>않은</u> 것은?

① 내분비샘에서 만들어져 분비관으로 분비된다.

② 신경계와 함께 체내의 항상성 유지에 관여한다.

③ 신경계에 의한 반응보다 느리지만 지속적인 효과를 나타낸다.

④ 표적 세포 또는 표적 기관에만 작용한다.

⑤ 적은 양으로 몸의 생리 작용을 조절하며, 많을 시 과다증, 부족 시 결핍증을 나타낸다.

02 오른쪽 그림은 우리 몸에 있는 내분비샘을 나타낸 것이다. A~E는 각각 부신, 갑상샘, 이자, 정소, 뇌하수체 중 하나이다. 이에 대한 설명으로 옳지 <u>않은</u> 것은?

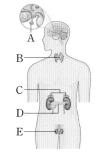

① A – 뇌하수체이다.

② B – 호르몬 분비는 뇌하수체의 조절을 받는다.

③ C – 티록신을 분비한다.

④ D – 외분비샘과 내분비샘을 모두 가지고 있다.

⑤ E – 남성의 2차 성징 발현에 관여한다.

03 그림은 우리 몸에서 볼 수 있는 두 종류의 분비샘을 나타낸 것이다.

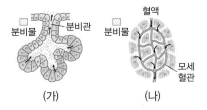

(가)   (나)

이에 대한 설명으로 옳은 것만을 〈보기〉에서 있는 대로 고른 것은?

┤ 보기 ├

ㄱ. (가)는 외분비샘이다.

ㄴ. (나)의 예로 땀샘이 있다.

ㄷ. (나)의 분비물은 표적 세포나 표적 기관에만 작용한다.

① ㄱ   ② ㄴ   ③ ㄷ

④ ㄱ, ㄷ   ⑤ ㄱ, ㄴ, ㄷ

❷ 항상성 ❸ 항상성 조절의 예

04 그림은 건강한 사람이 식사와 단식을 했을 때 나타나는 혈당량과 호르몬 농도 변화를 나타낸 것이다. 호르몬 X와 Y는 각각 글루카곤과 인슐린 중 하나이다.

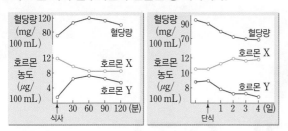

이에 대한 설명으로 옳은 것만을 〈보기〉에서 있는 대로 고른 것은?

│ 보기 │
ㄱ. 호르몬 X는 글루카곤의 분비와 기능을 억제한다.
ㄴ. 호르몬 Y는 혈당량이 감소하면 분비량이 감소한다.
ㄷ. 단식을 했을 때 호르몬 X의 분비량이 증가하면 혈당량이 감소한다.

① ㄱ　　　② ㄴ　　　③ ㄷ
④ ㄴ, ㄷ　　　⑤ ㄱ, ㄴ, ㄷ

05 그림은 체내 수분량 조절 과정을 나타낸 것이다.

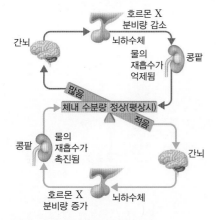

이에 대한 설명으로 옳지 <u>않은</u> 것은?
① 호르몬 X는 항이뇨 호르몬이다.
② 체내 수분량 조절 중추는 간뇌이다.
③ 운동 후에는 호르몬 X의 분비량이 증가한다.
④ 호르몬 X는 콩팥에서 물의 재흡수를 촉진한다.
⑤ 호르몬 X의 분비가 촉진되면 오줌량이 증가한다.

실전 서논술형 문제

01 그림은 혈당량에 따른 호르몬의 농도 변화를 나타낸 것이다. 호르몬 X와 Y는 각각 글루카곤과 인슐린 중 하나이다.

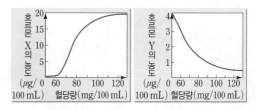

(1) 호르몬 X와 Y의 이름을 쓰시오.

Tip 인슐린은 혈당량을 감소시키는 작용을 한다.
Key Word 혈당량, 인슐린, 글루카곤

_____

(2) 위 (1)번 답과 같이 생각한 까닭을 서술하시오.

Tip 혈당량이 증가할 때 호르몬 X의 분비량이 증가하고 있다.
Key Word 혈당량, 인슐린, 글루카곤

_____

02 그림은 체온이 정상 범위보다 낮아졌을 때 일어나는 조절 작용을 나타낸 것이다.

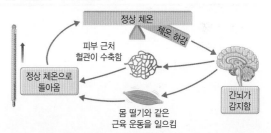

위 그림을 참고하여 체온이 높아졌을 때 체온을 정상 범위로 낮추기 위한 조절 과정을 다음에 제시된 용어를 사용하여 서술하시오.

> 고온 자극, 간뇌, 땀, 피부 근처 혈관, 열 방출량

Tip 체온이 높아지면 열 방출량이 증가한다.
Key Word 간뇌, 열 방출, 땀, 혈관

_____

V

생식과 유전

1 세포 분열

❶ 세포 분열

1. 세포 분열: 하나의 세포가 어느 정도 커진 다음, 2개의 세포로 나누어지는 것

2. 세포 분열이 필요한 까닭: 세포의 크기가 커지면 부피가 증가한 만큼 표면적이 증가하지 않아 세포가 필요한 만큼의 물질을 외부로부터 충분히 흡수하기 어렵기 때문이다.

❷ 염색체

1. 염색체: 분열 중인 세포에서 관찰되는 막대나 끈 모양의 구조물로, 유전 물질(DNA)과 단백질로 구성되어 있다.
  (1) 세포가 분열을 시작할 때 나타나는 염색체는 두 가닥의 염색 분체로 이루어져 있다.
  (2) 같은 종의 생물에서 체세포 1개당 염색체 수는 동일하다.

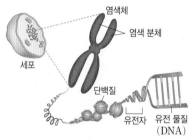

▲ 염색체의 구조

▲ 상동 염색체

2. 상동 염색체: 체세포에 있는 모양과 크기가 같은 한 쌍의 염색체로, 부모로부터 하나씩 물려받은 것이다.

3. 사람의 염색체(46개)
  (1) 상염색체: 남녀의 체세포에 공통으로 들어 있는 22쌍의 염색체
  (2) 성염색체: 성별을 결정하는 1쌍의 염색체로, 남성의 성염색체는 XY, 여성의 성염색체는 XX이다.

❸ 체세포 분열

1. 체세포 분열 과정: 핵분열 후 세포질 분열이 일어난다.
  (1) 핵분열: 염색체의 모양과 행동에 따라 4단계(전기 → 중기 → 후기 → 말기)로 구분한다.

간기	핵분열			
	전기	중기	후기	말기
유전 물질 복제, 핵막이 뚜렷함	핵막이 사라지고, 염색체가 나타남	염색체가 세포 중앙에 배열	염색 분체가 분리되어 세포의 양끝으로 이동	염색체가 풀어짐, 세포질 분열이 일어남

  (2) 세포질 분열: 동물 세포는 바깥쪽에서 안쪽으로 세포막이 밀려 들어가면서 나누어지고, 식물 세포는 안쪽에서 바깥쪽으로 세포판이 형성되면서 나누어진다.

2. 양파 뿌리의 체세포 분열 관찰 실험 과정

> 뿌리가 어느 정도 자란 양파의 뿌리 끝을 준비 → 고정 → 해리
> → 염색 → 분리 → 압착 → 현미경으로 관찰

3. 체세포 분열 결과
  (1) 1개의 모세포로부터 2개의 딸세포가 생성된다.
  (2) 모세포와 딸세포의 염색체 수와 유전 정보는 같다.
  (3) 분열 결과: 다세포 생물의 발생 및 생장, 재생, 단세포 생물의 생식

❹ 생식세포 형성 과정(감수 분열)

1. 감수 분열 과정: 감수 1분열과 감수 2분열이 연속해서 일어난다.
  (1) 감수 1분열(염색체 수가 반으로 줄어듦)

간기	전기	중기	후기	말기
유전 물질 복제	2가 염색체 형성	2가 염색체가 세포 중앙에 배열	상동 염색체가 분리되어 세포의 양끝으로 이동	세포질 분열이 일어나 2개의 딸세포 형성

  (2) 감수 2분열(염색체 수에 변화가 없음)

전기	중기	후기	말기
염색체가 나타남	염색체가 세포 중앙에 배열	염색 분체가 분리되어 세포의 양끝으로 이동	세포질 분열이 일어나 4개의 딸세포 형성

2. 감수 분열 결과
  (1) 1개의 모세포로부터 4개의 딸세포가 생성된다.
  (2) 딸세포의 염색체 수는 모세포의 절반이다.
  (3) 암수 생식세포의 수정으로 태어난 자손의 염색체 수는 부모와 같으므로 생물의 염색체 수는 세대를 거듭해도 항상 일정하게 유지된다.

3. 체세포 분열과 감수 분열의 비교

구분	체세포 분열	감수 분열
분열 횟수	1회	연속 2회
딸세포의 수	2개	4개
염색체 수의 변화	변화 없음	절반으로 줄어듦
분열 결과	생장, 재생	생식세포 형성

중단원 실전 문제

① 세포 분열

01 세포 분열의 결과로 일어나는 것이 <u>아닌</u> 것은?

① 어린아이의 키가 커진다.
② 상처가 난 부위가 점차 아문다.
③ 정자와 난자가 만나 수정란을 형성한다.
④ 꼬리가 잘린 도마뱀의 꼬리가 다시 길어진다.
⑤ 수정란이 조직과 기관을 형성하여 개체가 된다.

02 _{중요} 그림은 세포 분열이 필요한 까닭을 알아보기 위해 페놀프탈레인이 들어 있는 한천 조각들을 비눗물이 든 비커에 넣고 일정 시간이 지난 뒤 꺼내서 단면을 관찰한 것이다.

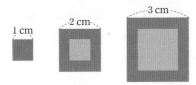

이에 대한 설명으로 옳은 것만을 〈보기〉에서 있는 대로 고른 것은?

┤ 보기 ├
ㄱ. 한천 조각은 세포, 비눗물은 세포에 필요한 물질에 비유할 수 있다.
ㄴ. 세포의 부피에 대한 표면적의 비가 클수록 효과적으로 물질을 교환할 수 있다.
ㄷ. 세포가 효과적으로 물질을 교환하기 위해서 일정 크기 이상의 세포는 분열해야 한다.

① ㄱ   ② ㄱ, ㄴ   ③ ㄱ, ㄷ
④ ㄴ, ㄷ   ⑤ ㄱ, ㄴ, ㄷ

② 염색체

03 오른쪽 그림은 어떤 생물의 세포에 들어 있는 모든 염색체를 나타낸 것이다. 이 생물의 염색체 수와 상동 염색체 쌍의 수를 순서대로 옳게 짝지은 것은?

① 3개, 3쌍   ② 6개, 3쌍   ③ 6개, 6쌍
④ 12개, 3쌍   ⑤ 12개, 6쌍

04 _{중요} 그림은 염색체의 구조를 나타낸 것이다.

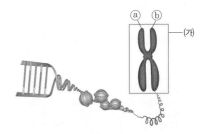

이에 대한 설명으로 옳지 <u>않은</u> 것은?

① ⓐ와 ⓑ는 상동 염색체이다.
② ⓐ와 ⓑ는 유전 정보가 동일하다.
③ (가)는 DNA와 단백질로 되어 있다.
④ (가)는 세포 분열 시에만 관찰할 수 있다.
⑤ 감수 2분열 전기의 세포는 ⓐ와 ⓑ를 모두 갖는다.

[05~06] 그림은 사람의 염색체를 나타낸 것이다.

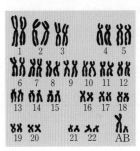

05 이 사람의 성별과 염색체 구성을 쓰시오. (단, 염색체 구성은 '상염색체 수＋성염색체의 종류'로 표시한다.)

06 이에 대한 설명으로 옳은 것은?

① A는 Y 염색체이다.
② A와 B는 상염색체이다.
③ B는 어머니로부터 물려받은 것이다.
④ 5번 염색체는 남자에게서만 관찰된다.
⑤ 8번 상동 염색체는 부모로부터 하나씩 물려받았다.

3 체세포 분열

07 다음은 체세포 분열에 대한 학생들의 의견을 나타낸 것이다.

핵분열 과정은 염색체의 모양과 행동을 기준으로 전기, 중기, 후기, 말기로 구분돼.

분열 결과 모세포와 같은 수의 염색체를 갖는 딸세포가 2개 만들어져.

동물은 특정 부위에서만 분열이 일어나고, 식물은 몸 전체에서 일어나.

학생 A   학생 B   학생 C

옳은 의견을 제시한 학생만을 있는 대로 고른 것은?

① A   ② C   ③ A, B
④ A, C   ⑤ A, B, C

08 오른쪽 그림은 양파 뿌리에서 일어나는 체세포 분열을 현미경으로 관찰하기 위해 표본을 만드는 과정 중 하나이다. 이 과정을 생략했을 경우 나타날 수 있는 문제점으로 옳은 것은?

뿌리 조각에 아세트올세인 용액을 한 방울 떨어뜨린다.

① 세포가 작게 보인다.
② 분열이 끝난 세포만 관찰된다.
③ 세포의 모양이 찌그러져 보인다.
④ 세포가 여러 층으로 겹쳐 보인다.
⑤ 핵이나 염색체를 뚜렷하게 구별하기 어렵다.

[09~10] 그림은 양파 뿌리 끝을 잘라 표본을 제작한 후 현미경으로 관찰한 모습을 나타낸 것이다. A~E는 각각 간기, 전기, 중기, 후기, 말기 중 하나이다.

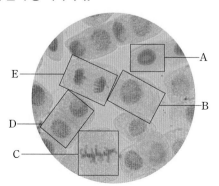

09 체세포 분열 과정의 순서대로 옳게 나열한 것은?

① A → B → C → D → E
② A → B → C → E → D
③ B → A → C → E → D
④ B → C → A → D → E
⑤ C → E → D → B → A

10 A~E 중 다음 설명에 해당하는 시기의 세포는?

• 핵막이 다시 나타나고 염색체가 풀어진다.
• 세포질 분열이 일어난다.

① A   ② B   ③ C
④ D   ⑤ E

중요
11 오른쪽 그림은 어떤 생물의 세포 분열 과정 중 일부를 나타낸 것이다. 이에 대한 설명으로 옳은 것만을 〈보기〉에서 있는 대로 고른 것은?

보기
ㄱ. 이 생물은 동물이다.
ㄴ. 감수 1분열 말기이다.
ㄷ. 바깥쪽에서 안쪽으로 세포판이 형성된다.

① ㄱ   ② ㄴ   ③ ㄱ, ㄷ
④ ㄴ, ㄷ   ⑤ ㄱ, ㄴ, ㄷ

4 생식세포 형성 과정(감수 분열)

[12~13] 그림은 감수 분열 과정을 순서 없이 나타낸 것이다.

(가)   (나)   (다)   (라)   (마)   (바)

중요
12 이에 대한 설명으로 옳은 것은?

① (가)에서 염색 분체의 분리가 일어난다.
② 세포당 염색체 수는 (나)와 (다)가 같다.
③ (가) → (나) 시기에 유전 물질의 복제가 일어난다.
④ (다)의 세포 중 상동 염색체 쌍을 갖는 것이 있다.
⑤ 감수 분열은 (라)-(바)-(가)-(나)-(마)-(다) 순서로 일어난다.

13 이러한 세포 분열이 갖는 의의에 대한 설명으로 옳은 것만을 〈보기〉에서 있는 대로 고른 것은?

┤ 보기 ├
ㄱ. 빠르게 세포의 수를 늘리며 생장할 수 있다.
ㄴ. 부모와 유전적으로 동일한 자손이 만들어진다.
ㄷ. 생성된 딸세포들의 결합으로 자손이 만들어져 세대를 거듭해도 염색체 수가 일정하게 유지된다.

① ㄱ   ② ㄷ   ③ ㄱ, ㄴ
④ ㄴ, ㄷ   ⑤ ㄱ, ㄴ, ㄷ

14 오른쪽 그림은 두 쌍의 염색체를 갖는 어떤 생물의 체세포에 들어 있는 모든 염색체를 나타낸 것이다. 이 세포가 감수 분열을 하여 만들어질 수 있는 생식세포가 <u>아닌</u> 것은?

①   ②   ③

④   ⑤

중요
15 그림 (가)와 (나)는 두 쌍의 염색체를 갖는 어떤 생물의 세포 중 일부를 나타낸 것이다.

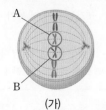 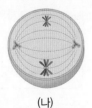
(가)   (나)

이에 대한 설명으로 옳은 것은?

① A와 B의 유전 정보는 동일하다.
② (가)에는 4쌍의 상동 염색체가 있다.
③ (나)는 감수 2분열 중기의 세포이다.
④ (가)의 염색체 수는 (나)의 2배이다.
⑤ (나)는 생식 기관에서 관찰할 수 있는 세포이다.

실전 서논술형 문제

01 그림은 양파 뿌리 끝 세포의 체세포 분열 관찰 실험 과정 중 일부를 나타낸 것이다.

온도계
묽은 염산
60 ℃의 물
뿌리 끝

이러한 과정을 수행하는 까닭을 서술하시오.

Tip 양파의 뿌리 끝 세포들은 서로 매우 가깝게 붙어 있다.
Key Word 조직, 분리

_____

_____

02 체세포 분열 과정을 관찰하기 위해 실험 재료로 양파 뿌리 끝 부분을 사용하는 까닭을 서술하시오.

Tip 식물은 특정 부위에서 체세포 분열이 활발하게 일어난다.
Key Word 뿌리, 체세포 분열

_____

_____

03 그림은 두 가지 세포 분열을 모식적으로 나타낸 것이다.

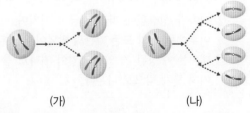
(가)   (나)

(가)와 (나)의 차이점을 생성된 딸세포 수와 염색체 수의 변화를 중심으로 서술하시오.

Tip 체세포 분열은 1회 일어나지만, 감수 분열은 연속 2회 일어난다.
Key Word 모세포, 딸세포, 염색체

_____

_____

2 사람의 발생

1 수정과 발생

1. 수정: 생식세포인 정자와 난자가 결합하는 것
- (1) 일반적으로 하나의 정자와 하나의 난자가 수정에 참여한다.
- (2) 수정 결과 체세포와 염색체 수가 같은 수정란이 된다.

정자(23개)   난자(23개)   수정란(46개)

2. 발생: 수정란이 하나의 개체로 되기까지의 과정으로, 체세포 분열을 통해 여러 조직과 기관을 형성하여 개체가 된다.

3. 수정란의 초기 발생 과정
- (1) 난할: 수정란이 발생 초기에 빠르게 세포 분열을 하여 세포 수를 늘리는 과정
- (2) 딸세포의 크기가 커지는 시기가 거의 없이 분열만 계속하므로 발생 초기 배아 전체의 크기는 수정란과 차이가 거의 없다.
- (3) 난할을 거듭할수록 세포 수는 늘어나지만, 세포 하나의 크기는 점점 작아진다.

4. 사람의 발생
- (1) 착상: 난할을 거친 배아가 자궁 안쪽 벽에 파묻히는 것으로, 이 시기부터 임신했다고 한다.
- (2) 착상 이후의 과정
  - ① 자궁에서 배아는 모체로부터 양분을 공급받고 여러 기관을 형성하여 사람의 모습을 갖춘 태아가 된다.
  - ② 태아가 성장함에 따라 자궁이 커지며, 임신 7개월 이후에는 거의 모든 기관의 발달이 완성된다.
  - ③ 태아는 수정된 지 약 266일이 지나면 출산 과정을 거쳐 모체 밖으로 나온다.

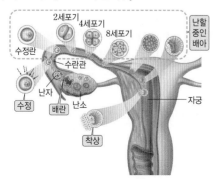

▲ 배란에서 착상이 되기까지의 과정

중단원 실전 문제

1 수정과 발생

01 다음은 개체의 발생에 대한 학생들의 의견을 나타낸 것이다.

> 사람은 수십조 개의 세포로 이루어져 있는데, 1개의 세포가 분열하여 만들어진 거야. (학생 A)

> 수정란의 염색체 수는 체세포 염색체 수의 절반이야. (학생 B)

> 사람의 몸을 이루는 체세포는 모두 같은 유전 정보를 갖고 있어. (학생 C)

옳은 의견을 제시한 학생만을 있는 대로 고른 것은?

① B   ② C   ③ A, B
④ A, C   ⑤ A, B, C

[02~03] 그림 (가)는 수정란이 2번 분열한 직후의 모습이고, (나)는 수정된 지 5일~7일 후 배아가 자궁에 도착했을 때의 모습이다.

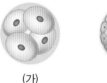

(가)   (나)

02 이에 대한 설명으로 옳은 것만을 〈보기〉에서 있는 대로 고른 것은?

⎡ 보기 ⎤
ㄱ. 세포 1개의 크기는 (가)에서가 (나)에서보다 크다.
ㄴ. 전체 크기는 (가)가 (나)보다 크다.
ㄷ. 세포 1개당 염색체 수는 (가)와 (나)가 같다.

① ㄱ   ② ㄴ   ③ ㄱ, ㄷ
④ ㄴ, ㄷ   ⑤ ㄱ, ㄴ, ㄷ

03 (나)가 자궁에 도달하여 안쪽 벽에 파묻히는 것을 무엇이라고 하는지 쓰시오.

04 다음은 어떤 여성이 임신하기까지의 과정을 순서 없이 나열한 것이다.

> ㄱ. 난자가 난소에서 수란관으로 나온다.
> ㄴ. 난자와 정자가 만나 수정이 일어난다.
> ㄷ. 자궁 안쪽 벽에 착상이 되어 임신이 된다.
> ㄹ. 수정란은 난할을 거듭하며 세포 수를 늘리면 서 이동한다.

임신하기까지의 과정을 순서대로 옳게 나열한 것은?

① ㄱ－ㄴ－ㄷ－ㄹ
② ㄱ－ㄴ－ㄹ－ㄷ
③ ㄴ－ㄱ－ㄷ－ㄹ
④ ㄴ－ㄱ－ㄹ－ㄷ
⑤ ㄹ－ㄱ－ㄴ－ㄷ

05 사람의 임신과 출산에 대한 설명으로 옳지 <u>않은</u> 것은?

① 난자가 난소에서 배출되는 것을 배란이라고 한다.
② 수정 후 약 266일이 지나면 태아가 모체 밖으로 나온다.
③ 수정 후 8주까지를 배아라고 하고, 8주 이후를 태아라고 한다.
④ 정자와 난자의 염색체 수를 더한 것과 수정란의 염색체 수는 같다.
⑤ 수정란이 감수 분열을 통해 하나의 개체가 되기까지의 과정을 발생이라고 한다.

06 그림은 수정 후 태아의 기관이 형성되는 과정을 나타낸 것이다.

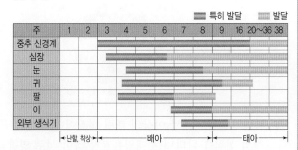

주	1	2	3	4	5	6	7	8	9	16	20~36	38
중추 신경계												
심장												
눈												
귀												
팔												
이												
외부 생식기												

■ 특히 발달　■ 발달

난할, 착상 ← 배아 → ← 태아 →

이에 대한 설명으로 옳은 것은?

① 착상 후 중추 신경계가 가장 먼저 발달하기 시작한다.
② 수정 후 9주째부터 심장이 형성되기 시작한다.
③ 수정 후 25주째부터 모든 기관이 만들어지기 시작한다.
④ 눈보다 외부 생식기가 먼저 만들어진다.
⑤ 보통 수정 후 20주가 지나면 출산한다.

실전 서논술형 문제

01 표는 사람의 발생이 진행되기까지 과정 A와 B에 대한 설명을, 그림은 A와 B에서 세포 1개당 염색체 수의 변화를 순서 없이 나타낸 것이다.

A	정자와 난자가 결합하여 수정란이 된다.
B	수정란이 하나의 개체로 되기까지의 과정으로, 체세포 분열 과정을 통해 여러 조직과 기관을 형성하여 개체가 된다.

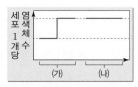

(가)와 (나)는 각각 과정 A와 B 중 어느 것에서 나타나는 염색체 수의 변화인지 세포당 염색체 수의 변화와 관련지어 서술하시오.

Tip 생식세포의 결합에 의해 수정란이 만들어진다.
Key Word 수정, 발생

---

02 그래프는 사람의 초기 발생 과정에서 일어나는 세포의 특성을 나타낸 것이다.

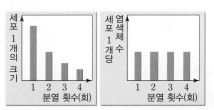

(1) 이러한 세포 분열을 무엇이라고 하는지 쓰시오.
(　　　　　　　)

(2) 위 자료를 토대로 초기 발생 과정에서 일어나는 세포 분열과 생장 과정에서 일어나는 체세포 분열의 공통점과 차이점을 한 가지씩 서술하시오.

Tip 수정란의 초기 세포 분열 동안 세포의 크기가 커지지 않는다.
Key Word 세포의 크기

③ 멘델의 유전 원리

❶ 멘델의 유전 연구

1. 유전의 기본 용어

유전	부모의 형질이 자손에게 전달되는 현상
형질	씨 모양, 꽃잎 색깔과 같이 생물이 가지고 있는 고유한 특징
대립 형질	하나의 형질에 대해 뚜렷하게 대비되는 형질 예 완두 씨 모양이 둥근 것과 주름진 것, 완두 씨 색깔이 노란색인 것과 초록색인 것
표현형	겉으로 드러나는 형질로 대립유전자에 의해 결정됨 예 둥글다, 주름지다, 노란색, 초록색
유전자형	대립유전자 구성을 기호로 나타낸 것 예 RR, Rr, rr
순종	한 형질을 나타내는 대립유전자의 구성이 같은 개체 예 RR, rr, RRyy
잡종	한 형질을 나타내는 대립유전자의 구성이 다른 개체 예 Rr, RrYy

2. 멘델의 가설
(1) 형질은 한 쌍의 유전 인자에 의해 결정되는데, 이 유전 인자는 부모에게서 각각 하나씩 물려받은 것이다.
(2) 한 쌍의 유전 인자는 생식세포를 형성할 때 분리되어 각각의 생식세포로 나뉘어 들어가고, 자손에게 전달되어 다시 쌍을 이룬다.
(3) 특정한 형질에 대한 한 쌍의 유전 인자가 서로 다르면 그중 하나는 표현되고, 다른 하나는 표현되지 않는다.
　➡ 멘델이 가정한 유전 인자는 오늘날의 유전자를 의미하며, 유전자는 염색체에 존재한다.

❷ 우성과 열성

1. 멘델의 실험: 순종의 노란색 완두(YY)와 순종의 초록색 완두(yy)를 교배하여 얻은 자손은 모두 노란색 완두였다.

2. 우열의 원리: 대립 형질이 다른 두 순종 개체를 교배하여 얻은 잡종 1대에는 대립 형질 중 한 가지만 나타난다.
(1) 우성: 대립 형질을 가진 순종의 개체끼리 교배했을 때 잡종 1대에서 나타나는 형질
(2) 열성: 대립 형질을 가진 순종의 개체끼리 교배했을 때 잡종 1대에서 나타나지 않는 형질

❸ 분리의 법칙

1. 한 쌍의 대립 형질의 유전

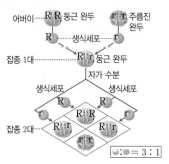

2. 분리의 법칙: 생식세포를 만들 때 한 쌍의 대립유전자가 분리되어 서로 다른 생식세포로 들어가는 현상
(1) 잡종 1대: 잡종 1대의 유전자형은 Rr이며, 잡종 1대에서 대립유전자 R와 r가 분리되어 R를 지닌 생식세포와 r를 지닌 생식세포가 1 : 1의 비율로 만들어진다.
(2) 잡종 2대: 둥근 완두(RR, Rr)와 주름진 완두(rr)가 3 : 1의 비율로 나타난다.

❹ 독립의 법칙

1. 두 쌍의 대립 형질의 유전

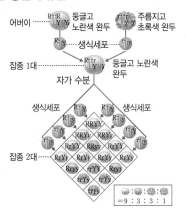

2. 독립의 법칙: 두 쌍 이상의 대립 형질이 함께 유전될 때 각각의 형질을 나타내는 대립유전자 쌍이 서로 영향을 주지 않고 분리의 법칙에 따라 독립적으로 유전되는 현상
(1) 잡종 1대의 유전자형은 RrYy이며, 잡종 1대에서 RY, Ry, rY, ry를 가진 생식세포가 1 : 1 : 1 : 1의 비율로 만들어진다.
(2) 잡종 2대에서 둥글고 노란색 : 둥글고 초록색 : 주름지고 노란색 : 주름지고 초록색=9 : 3 : 3 : 1로 나타난다.
　➡ 완두 씨의 모양과 색깔은 서로 영향을 주지 않고 독립적으로 유전된다.

중단원 · 실전 문제

❶ 멘델의 유전 연구

01 멘델의 가설에 대한 설명으로 옳지 <u>않은</u> 것은?

① 생물에는 형질을 결정하는 한 쌍의 유전 인자가 있다.
② 생식세포의 유전 인자는 자손에게 전달되어 다시 쌍을 이룬다.
③ 한 쌍의 유전 인자는 부모 중 한 개체로부터 모두 물려받은 것이다.
④ 한 쌍의 유전 인자가 서로 다르면 그중 하나의 유전 인자만 형질로 표현된다.
⑤ 한 쌍의 유전 인자는 생식세포가 만들어질 때 분리되어 각각 다른 생식세포로 나뉘어 들어간다.

02 멘델이 사용한 완두가 유전 연구의 재료로 적합한 까닭으로 옳은 것은?

① 한 세대가 길다.
② 자손의 수가 많다.
③ 대립 형질이 뚜렷하지 않다.
④ 인위적으로 교배하기 어렵다.
⑤ 구하기 어려우나 쉽게 재배할 수 있다.

❷ 우성과 열성

03 그림 (가)는 씨 모양이 둥근 어떤 완두에서 한 쌍의 상동 염색체와 대립유전자를, (나)는 순종인 두 완두의 유전자형과 표현형을 나타낸 것이다.

둥근 완두   주름진 완두
(가)   (나)

이에 대한 설명으로 옳지 <u>않은</u> 것은?

① 대립유전자 R는 r에 대해 열성이다.
② (가)에서 R와 r는 대립유전자이다.
③ (가)의 완두에서 2종류의 생식세포가 형성된다.
④ (나)의 두 순종 완두를 교배하면 (가)의 완두를 얻을 수 있다.
⑤ (가)의 완두를 자가 수분하면 순종의 둥근 완두를 얻을 수 있다.

❸ 분리의 법칙

[04~05] 오른쪽 그림은 순종의 둥근 완두와 순종의 주름진 완두를 교배하여 잡종 1대를 얻은 후, 잡종 1대를 자가 수분하여 잡종 2대를 얻는 과정을 나타낸 것이다. (단, R는 둥근 모양 대립유전자, r는 주름진 모양 대립유전자이다.)

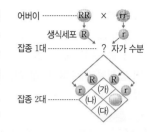

04 이에 대한 설명으로 옳은 것만을 〈보기〉에서 있는 대로 고른 것은?

┤ 보기 ├
ㄱ. 잡종 1대의 완두는 둥근 완두이다.
ㄴ. 잡종 2대의 둥근 완두의 유전자형은 모두 같다.
ㄷ. (다)가 만드는 생식세포의 종류는 1가지이다.

① ㄱ   ② ㄴ   ③ ㄱ, ㄷ
④ ㄴ, ㄷ   ⑤ ㄱ, ㄴ, ㄷ

05 (가)~(다)의 표현형을 옳게 짝 지은 것은?

	(가)	(나)	(다)
①	둥근 완두	둥근 완두	둥근 완두
②	둥근 완두	둥근 완두	주름진 완두
③	둥근 완두	주름진 완두	둥근 완두
④	둥근 완두	주름진 완두	주름진 완두
⑤	주름진 완두	주름진 완두	주름진 완두

06 다음과 같은 유전자형을 가진 개체들이 만들 수 있는 생식세포의 가짓수와 종류를 옳게 짝 지은 것은? (단, 모든 유전자는 서로 다른 염색체에 존재한다.)

	개체의 유전자형	생식세포의 가짓수	생식세포의 종류
①	Hh	1가지	H
②	TT	2가지	T, t
③	AaBb	4가지	AB, Ab, aB, ab
④	RRYY	2가지	RY, ry
⑤	RrYy	2가지	Ry, rY

④ 독립의 법칙

[07~08] 순종의 키가 크고 씨 색깔이 노란색인 완두(TTYY)와 순종의 키가 작고 씨 색깔이 초록색인 완두(ttyy)를 교배하여 잡종 1대의 완두를 얻었다. (단, 줄기의 키와 완두 씨 색깔은 독립의 법칙을 따르며, 대립유전자 T는 t에 대해, Y는 y에 대해 각각 우성이다.)

07 잡종 1대의 대립유전자를 염색체에 옳게 나타낸 것은?

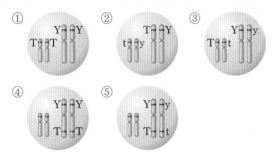

08 잡종 1대의 완두를 자가 수분하여 잡종 2대에서 1600개체의 완두를 얻었다. 이 중 키가 작고 씨 색깔이 노란색인 완두는 이론상 몇 개체인지 쓰시오.

09 다음은 완두의 콩깍지 모양과 콩깍지 색깔 유전에 대한 설명이다.

- 콩깍지 모양은 대립유전자 A(매끈한 것)와 a(주름진 것)에 의해 결정되며 A는 우성, a는 열성이다.
- 콩깍지 색깔은 대립유전자 B(초록색)와 b(노란색)에 의해 결정되며 B는 우성, b는 열성이다.
- 콩깍지 모양과 색깔에 대한 유전자는 서로 다른 염색체에 존재한다.

유전자형을 모르는 개체 (가)와 유전자형이 aabb인 개체를 교배하여 표와 같은 결과를 얻었다.

표현형	매끈하고 초록색	매끈하고 노란색	주름지고 초록색	주름지고 노란색
개채 수(개)	200	200	200	200

개체 (가)의 유전자형으로 옳은 것은?

① AABB   ② AABb   ③ AAbb

④ AaBB   ⑤ AaBb

실전 서논술형 문제

01 다음은 멘델의 유전 원리와 관련된 실험이다.

(가) 흰색 바둑알 20개에 대립유전자 R 붙임딱지를, 검은색 바둑알 20개에 대립유전자 r 붙임딱지를 각각 붙인다.
(나) (가)의 흰색 바둑알 10개, 검은색 바둑알 10개를 합쳐 암술 상자와 수술 상자에 각각 넣는다.
(다) 두 상자에서 바둑알을 하나씩 꺼내 표시된 대립유전자를 함께 기록하고 꺼낸 바둑알은 다시 상자에 넣는다.

이 실험은 멘델의 유전 원리 중 어떤 것과 관련이 있는지 (다) 과정이 의미하는 것을 바탕으로 서술하시오.

Tip 대립유전자는 감수 분열 과정에서 분리되었다가 수정을 통해 다시 결합한다.
Key Word 대립유전자, 분리

_____

_____

02 오른쪽 그림과 같이 순종의 보라색 꽃 완두와 순종의 흰색 꽃 완두를 교배하였더니 잡종 1대에서 보라색 꽃 완두만 나타났다.

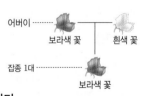

(1) 보라색 꽃 대립유전자와 흰색 꽃 대립유전자의 우열 관계에 대해 근거를 들어 서술하시오.

Tip 잡종 1대에서 겉으로 표현되는 형질과 겉으로 표현되지 않는 형질 중 하나가 우성이다.
Key Word 대립유전자, 우성

_____

_____

(2) 잡종 1대를 순종의 보라색 꽃 완두와 교배할 때 얻을 수 있는 잡종 2대의 표현형을 쓰시오.

(   )

4 사람의 유전

❶ 사람의 유전 연구

1. 사람의 여러 가지 유전 형질: 대립 형질이 뚜렷한 것도 있지만 뚜렷하지 않은 것도 있다.

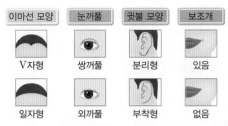

이마선 모양	눈꺼풀	귓불 모양	보조개
V자형	쌍꺼풀	분리형	있음
일자형	외까풀	부착형	없음

▲ 대립 형질이 뚜렷한 유전 형질의 예

2. 사람의 유전 연구 방법

(1) **가계도 조사:** 가계도는 특정 형질을 가진 집안을 여러 세대에 걸쳐 조사하여 형질이 어떻게 나타나는지를 그림으로 나타낸 것이다. ➡ 특정 형질의 우열 관계, 가족 구성원의 유전자형을 판단할 수 있고, 태어날 자손의 형질을 예측할 수 있다.

> **가계도 분석하기**
> 1. 가계도에서 우성 형질과 열성 형질을 파악한다.
> 2. 유전자가 상염색체에 있는지 성염색체에 있는지 판단한다.
> 3. 가족 구성원의 표현형, 부모와 자식 간의 관계 등을 근거로 유전자형을 분석하여 가계도에 표시한다.

(2) **쌍둥이 연구:** 1란성 쌍둥이와 2란성 쌍둥이의 특정 형질을 비교 연구하여 유전과 환경의 영향을 연구한다.

(3) **최근의 유전 연구 방법:** 통계 조사(한 집단의 유전 형질을 조사하여 통계적으로 분석함), 염색체와 DNA 분석(특정 형질에 관여하는 염색체, 유전자를 연구함) 등의 방법이 있다.

❷ 상염색체에 의한 유전

1. 상염색체 유전의 특징: 형질을 결정하는 유전자가 상염색체에 있으며, 성별에 따라 형질이 나타나는 빈도에 차이가 없다.

2. 사람의 상염색체 유전 형질

(1) 대립유전자가 2가지인 경우
  ① 특징: 대립 형질이 뚜렷하며, 멘델의 분리의 법칙을 따른다. 환경의 영향을 거의 받지 않는다.
  ② PTC 미맹, 이마선 모양, 눈꺼풀, 귓불 모양, 혀 말기, 귀지 상태 등이 있다.

> **PTC 미맹(PTC 용액의 쓴맛을 느끼지 못하는 형질)**
> • 한 쌍의 대립유전자에 의해 결정되며, 대립유전자의 종류는 정상 대립유전자와 미맹 대립유전자 2가지이다.
> • 우열 관계: 정상 대립유전자(T)＞미맹 대립유전자(t)
> • 미맹의 표현형과 유전자형
>
> | 표현형 | 정상 | | 미맹 |
> |---|---|---|---|
> | 유전자형 | TT | Tt | tt |

(2) 대립유전자가 3가지인 경우(복대립 유전)

> **ABO식 혈액형**
> • 한 쌍의 대립유전자에 의해 결정되며, 대립유전자의 종류는 A, B, O 3가지이다.
> • 대립유전자 O는 대립유전자 A와 B에 대해 열성이고, 대립유전자 A와 B는 우열 관계가 없다(A＝B＞O).
>
> | 표현형 | A형 | B형 | AB형 | O형 |
> |---|---|---|---|---|
> | 유전자형 | AA, AO | BB, BO | AB | OO |

❸ 성염색체에 의한 유전

1. 사람의 성 결정 방식: 어머니와 아버지로부터 물려받은 성염색체의 조합으로 성별이 결정된다.

(1) **남자(44＋XY):** 어머니로부터 X 염색체를, 아버지로부터 Y 염색체를 물려받는다.

(2) **여자(44＋XX):** 어머니와 아버지로부터 X 염색체를 1개씩 물려받는다.

2. 반성유전(성염색체에 의한 유전)

(1) **특징:** 형질을 결정하는 유전자가 성염색체에 존재하며, 남녀에 따라 형질이 나타나는 빈도에 차이가 있다.

(2) **반성유전의 예:** 적록 색맹, 혈우병 등

> **적록 색맹(붉은색과 초록색을 잘 구별하지 못하는 유전 형질)**
> • 형질을 결정하는 유전자가 X 염색체에 존재한다.
> • 우열 관계: 정상 대립유전자(X)＞색맹 대립유전자(X')
> • 여자는 색맹 대립유전자(X')가 2개 있어야 색맹이 되지만, 남자는 색맹 대립유전자(X')가 1개만 있어도 색맹이 되므로 색맹은 여자보다 남자에게 더 많이 나타난다.
>
> | 표현형 | | 정상 | 색맹 |
> |---|---|---|---|
> | 유전자형 | 남자 | XY | X'Y |
> | | 여자 | XX, XX'(보인자) | X'X' |

중단원 실전 문제

① 사람의 유전 연구

01 가계도에서 각 표시가 의미하는 것을 옳게 짝 지은 것은?

① □ 여자 ② ○ 남자 ③ □—○ 결혼
④ 2란성 쌍둥이 ⑤ 1란성 쌍둥이

02 그림은 두 종류의 쌍둥이 발생 과정을 나타낸 것이다.

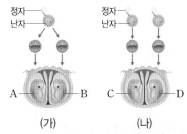

정자 난자

A — B   C — D
(가)   (나)

이에 대한 설명으로 옳은 것만을 〈보기〉에서 있는 대로 고른 것은?

┤보기├
ㄱ. A의 ABO식 혈액형이 O형이면 B도 O형이다.
ㄴ. C와 D의 유전 정보는 동일하다.
ㄷ. (가)와 (나)의 특정 형질을 비교하여 유전과 환경의 영향을 연구한다.

① ㄱ   ② ㄴ   ③ ㄱ, ㄷ
④ ㄴ, ㄷ   ⑤ ㄱ, ㄴ, ㄷ

② 상염색체에 의한 유전

03 오른쪽 그림은 어느 가족의 PTC 미맹 가계도를 나타낸 것이다. 이에 대한 설명으로 옳은 것은?

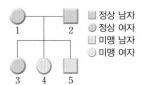

■ 정상 남자
● 정상 여자
▨ 미맹 남자
◍ 미맹 여자

① 1은 순종이다.
② 2는 미맹 대립유전자를 갖는다.
③ 3은 열성 표현형을 나타낸다.
④ 4가 순종일 확률은 50 %이다.
⑤ 5는 정상 대립유전자를 1개 갖는다.

04 다음과 같은 특징을 갖는 유전 형질이 아닌 것은?

• 유전자가 상염색체에 존재한다.
• 한 쌍의 대립유전자에 의해 형질이 결정된다.
• 멘델의 분리의 법칙을 따른다.
• 남녀에 따라 형질이 나타나는 빈도에 차이가 없다.

① 눈꺼풀   ② 혈우병
③ 귓불 모양   ④ 이마선 모양
⑤ ABO식 혈액형

05 그림은 어느 집안의 ABO식 혈액형 가계도를 나타낸 것이다.

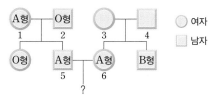

A형 — O형   ○ — □
 1   2   3   4
O형 A형 A형 B형
      5   6

○ 여자
□ 남자

이에 대한 설명으로 옳지 않은 것은? (단, 3과 4는 혈액형이 서로 다르고, 자녀와도 혈액형이 모두 다르다)

① 1의 유전자형은 AO이다.
② 3과 4 중 한 명은 O형이다.
③ 5의 유전자형은 6과 같다.
④ ABO식 혈액형의 유전자는 상염색체에 존재한다.
⑤ 구성원 전체가 가지는 유전자형은 총 6가지이다.

③ 성염색체에 의한 유전

06 다음에서 설명하는 유전 형질의 특징으로 옳은 것은?

망막의 시각 세포에 이상이 있어 색깔을 제대로 구별하지 못하는 유전 형질로, 붉은색과 초록색을 잘 구별하지 못한다.

① 남자에게만 나타난다.
② 유전자는 Y 염색체에 존재한다.
③ 어머니의 열성 형질은 딸에게 항상 나타난다.
④ 아버지의 우성 형질은 아들에게 항상 나타난다.
⑤ 남자는 이 형질을 나타내는 대립유전자를 1개만 가져도 형질이 나타난다.

[07~08] 그림은 어느 집안의 적록 색맹 가계도를 나타낸 것이다. (단, 정상 대립유전자는 X, 색맹 대립유전자는 X′로 표시한다.)

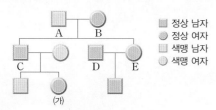

■ 정상 남자	
● 정상 여자	
◨ 색맹 남자	
◕ 색맹 여자	

07 이에 대한 설명으로 옳은 것만을 〈보기〉에서 있는 대로 고른 것은?

┤ 보기 ├
ㄱ. (가)는 보인자이다.
ㄴ. 유전자형을 확실히 알 수 없는 사람은 2명이다.
ㄷ. D와 E 사이에서 아들이 한 명 더 태어날 때, 이 아이가 색맹일 확률은 25 %이다.

① ㄱ　　　② ㄴ　　　③ ㄱ, ㄷ
④ ㄴ, ㄷ　　⑤ ㄱ, ㄴ, ㄷ

08 A~E의 유전자형으로 옳지 않은 것은?

① A: X′Y　② B: X′X′　③ C: XY
④ D: XY　　⑤ E: XX′

09 그림은 어느 집안의 유전병 A에 대한 가계도를 나타낸 것이다.

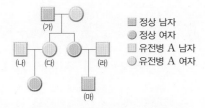

■ 정상 남자	
● 정상 여자	
◨ 유전병 A 남자	
◕ 유전병 A 여자	

이에 대한 설명으로 옳은 것은? (답 2개)

① (가)는 순종이다.
② 유전자는 X 염색체에 있다.
③ 유전병 A는 열성 형질이다.
④ (나)와 (다)는 유전자형이 같다.
⑤ (라)는 (마)에게 유전병 A 대립유전자를 전달하였다.

실전 서논술형 문제

01 사람의 유전 연구가 어려운 까닭을 세 가지 서술하시오.

Tip 한 세대의 길이, 자손의 수, 인위 교배 여부, 환경의 영향 등을 고려하여 연구한다.
Key Word 세대, 자손, 교배

02 그림은 어떤 집안의 유전병에 대한 가계도를 나타낸 것이다.

■ 정상 남자	
● 정상 여자	
◨ 유전병 남자	
◕ 유전병 여자	

정상과 유전병 중 우성 형질이 무엇인지 쓰고, 그렇게 판단한 까닭을 가계도를 근거로 서술하시오.

Tip 부모에게 없던 형질이 자녀에게 나타나는 경우 우성과 열성을 판단할 수 있다.
Key Word 형질, 우성, 열성

03 표는 미정이네 가족의 적록 색맹 여부를 나타낸 것이다.

구분	아버지	어머니	미정	동생
색맹 여부	정상	색맹	정상	색맹

미정이의 동생이 한 명 더 태어날 때, 이 아이가 미정이와 같은 표현형을 가질 확률을 구하시오. (단, 정상 대립유전자는 X, 색맹 대립유전자는 X′로 표시하고, 부모의 유전자형을 포함하여 서술하시오.)

Tip 색맹 유전자는 성염색체에 있다.
Key Word 표현형, 정상

VI 에너지 전환과 보존

① 역학적 에너지 전환과 보존

❶ 위로 던져 올린 물체의 역학적 에너지 전환

1. **역학적 에너지**: 물체의 위치 에너지와 운동 에너지의 합
2. **역학적 에너지 전환**: 중력을 받아 운동하는 물체는 위치 에너지와 운동 에너지가 서로 전환되어 그 크기가 달라진다.
3. **위로 던져 올린 물체와 자유 낙하 하는 물체에서의 역학적 에너지 전환**

물체를 위로 던져 올릴 때	물체가 자유 낙하 할 때
물체의 높이가 높아지므로 위로 갈수록 위치 에너지는 커지고, 속력이 느려지면서 운동 에너지는 작아진다. 운동 에너지 → 위치 에너지	물체의 높이가 낮아지므로 위치 에너지는 작아지고, 속력이 빨라지면서 운동 에너지는 커진다. 위치 에너지 → 운동 에너지

❷ 주변에서 볼 수 있는 역학적 에너지 전환

1. **역학적 에너지 전환의 예**: 운동하는 물체의 높이가 변할 때 역학적 에너지 전환이 일어난다.
2. **롤러코스터의 운동에서 역학적 에너지 전환**: 롤러코스터가 내려가거나 올라갈 때 역학적 에너지 전환이 일어난다.

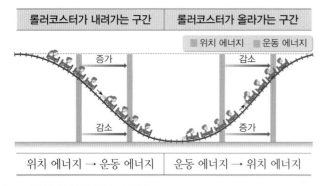

롤러코스터가 내려가는 구간	롤러코스터가 올라가는 구간
위치 에너지 → 운동 에너지	운동 에너지 → 위치 에너지

3. **그 밖의 역학적 에너지 전환**
   - 시계추가 흔들리며 왕복 운동을 할 때 위치 에너지와 운동 에너지가 서로 전환된다.
   - 스키를 타고 경사면을 내려올 때 위치 에너지가 운동 에너지로 전환되어 속력이 점점 빨라진다.
   - 높이뛰기 선수가 바를 넘기 위해 도약하면 위로 올라갈 때에는 운동 에너지가 위치 에너지로 전환되고, 떨어질 때에는 위치 에너지가 운동 에너지로 전환된다.

❸ 위로 던져 올린 물체의 역학적 에너지 보존

1. **역학적 에너지 보존**: 물체를 위로 던져 올릴 때나 물체가 자유 낙하 할 때 공기 저항이나 마찰이 없으면 물체의 역학적 에너지는 일정하다.

> 역학적 에너지
> $=$ 위치 에너지$(9.8mh)$ $+$ 운동 에너지$\left(\frac{1}{2}mv^2\right)$ $=$ 일정

2. **물체를 위로 던져 올릴 때나 물체가 자유 낙하 할 때의 역학적 에너지 보존**

물체를 위로 던져 올릴 때	물체가 자유 낙하 할 때
물체가 최고 높이에 도달하는 순간 • 위치 에너지 최대, 운동 에너지 0 • 물체의 역학적 에너지=위치 에너지	물체가 자유 낙하 하여 바닥에 도달하는 순간 • 운동 에너지 최대, 위치 에너지 0 • 물체의 역학적 에너지=운동 에너지
감소한 운동 에너지 =증가한 위치 에너지	감소한 위치 에너지 =증가한 운동 에너지

3. **역학적 에너지 보존 법칙**: 공기 저항이나 마찰이 없을 때 운동하는 물체의 역학적 에너지는 높이에 관계없이 항상 일정하게 보존된다.

❹ 주변에서 볼 수 있는 역학적 에너지 보존

1. **롤러코스터의 운동에서 역학적 에너지 보존**: 롤러코스터가 운동할 때에도 역학적 에너지 전환이 일어나며, 레일과의 마찰 및 공기 저항이 없다면 역학적 에너지는 일정하게 보존된다.

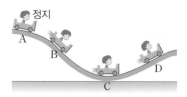

2. **실에 매달린 물체에서의 역학적 에너지 보존**: 공기 저항이나 마찰이 없다면 역학적 에너지는 일정하게 보존된다.

중단원 실전 문제

① 위로 던져 올린 물체의 역학적 에너지 전환

01 역학적 에너지와 역학적 에너지의 전환에 대한 설명으로 옳지 <u>않은</u> 것은? (단, 공기 저항은 무시한다.)

① 낙하하는 물체의 위치 에너지는 감소한다.
② 낙하하는 물체의 운동 에너지는 증가한다.
③ 낙하하는 물체에서 역학적 에너지 전환이 일어난다.
④ 역학적 에너지는 위치 에너지와 운동 에너지의 합이다.
⑤ 낙하하는 물체에서 운동 에너지의 증가량은 위치 에너지의 감소량보다 크다.

중요
02 그림은 다이빙 선수가 스프링보드에서 낙하할 때의 운동을 나타낸 것이다. 이에 대한 설명으로 옳지 <u>않은</u> 것은?

① 속력이 빨라진다.
② 높이가 낮아진다.
③ 위치 에너지가 감소한다.
④ 운동 에너지가 감소한다.
⑤ 위치 에너지가 운동 에너지로 전환된다.

② 주변에서 볼 수 있는 역학적 에너지 전환

03 그림은 A점과 B점 사이를 왕복 운동 하는 추를 나타낸 것이다. 이에 대한 설명으로 옳은 것만을 〈보기〉에서 있는 대로 고른 것은? (단, 공기 저항이나 마찰은 무시한다.)

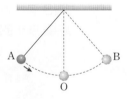

┤ 보기 ├
ㄱ. A점과 B점의 높이는 같다.
ㄴ. A점에서 O점으로 운동하는 동안 운동 에너지는 증가한다.
ㄷ. O점에서 B점으로 운동하는 동안 위치 에너지는 증가한다.

① ㄱ   ② ㄴ   ③ ㄱ, ㄷ
④ ㄴ, ㄷ   ⑤ ㄱ, ㄴ, ㄷ

중요
04 그림은 롤러코스터의 운동을 나타낸 것이다.

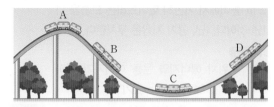

롤러코스터가 운동할 때 위치 에너지가 운동 에너지로 전환되는 구간만을 〈보기〉에서 있는 대로 고른 것은?

┤ 보기 ├
ㄱ. A → B 구간   ㄴ. A → C 구간
ㄷ. B → C 구간   ㄹ. C → D 구간

① ㄱ   ② ㄹ   ③ ㄱ, ㄴ
④ ㄷ, ㄹ   ⑤ ㄱ, ㄴ, ㄷ

③ 위로 던져 올린 물체의 역학적 에너지 보존

중요
05 그림은 공을 위로 던졌을 때의 모습을 나타낸 것이다. 이에 대한 설명으로 옳은 것만을 〈보기〉에서 있는 대로 고른 것은? (단, 공기 저항은 무시하고, B와 D의 높이는 같다.)

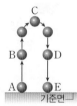

┤ 보기 ├
ㄱ. A와 E에서 운동 에너지는 같다.
ㄴ. C점에서 운동 에너지는 최대이다.
ㄷ. B → C 구간에서 증가한 위치 에너지와 C → D 구간에서 증가한 운동 에너지는 같다.

① ㄱ   ② ㄴ   ③ ㄱ, ㄷ
④ ㄴ, ㄷ   ⑤ ㄱ, ㄴ, ㄷ

06 그림과 같이 높이가 10 m인 A점에서 질량이 4 kg인 물체를 아래 방향으로 2 m/s의 속력으로 던졌더니 잠시 후 물체가 지면 위의 B점에 도달하였다. 이에 대한 설명으로 옳은 것은? (단, 공기 저항은 무시한다.)

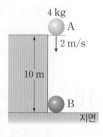

① A점에서 운동 에너지는 16 J이다.
② B점에서 운동 에너지는 8 J이다.
③ A점에서 위치 에너지는 400 J이다.
④ B점에서 역학적 에너지는 400 J이다.
⑤ A점에서의 역학적 에너지는 392 J이다.

[07~08] 그림은 어떤 물체를 지면으로부터 12 m 높이에서 가만히 떨어뜨리는 모습을 나타낸 것이다. (단, 공기 저항은 무시한다.)

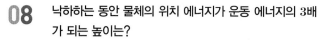

12 m

지면

07 위치 에너지와 운동 에너지가 같아지는 높이는 몇 m인가?

① 2 m   ② 3 m

③ 4 m   ④ 6 m

⑤ 8 m

08 낙하하는 동안 물체의 위치 에너지가 운동 에너지의 3배가 되는 높이는?

① 2 m   ② 4 m   ③ 6 m

④ 8 m   ⑤ 9 m

④ 주변에서 볼 수 있는 역학적 에너지 보존

09 그림과 같이 A점에 정지해 있던 수레가 마찰이 없는 빗면을 따라 내려가고 있다.

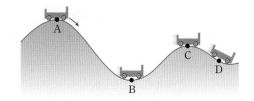

이에 대한 설명으로 옳지 <u>않은</u> 것은? (단, 공기 저항은 무시한다.)

① A점에서는 위치 에너지가 가장 크다.
② B점에서는 운동 에너지가 가장 크다.
③ A점과 B점에서 역학적 에너지는 같다.
④ C점과 D점에서 역학적 에너지는 같다.
⑤ A점에서의 위치 에너지가 B점에서의 역학적 에너지보다 크다.

10 그림은 반원형 그릇에서 구슬이 A~E 사이를 왕복 운동 하는 것을 나타낸 것이다. 운동 에너지가 가장 큰 곳을 쓰시오. (단, 공기 저항이나 마찰은 무시한다.)

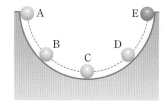

실전 서논술형 문제

01 그림은 위로 던져 올린 야구공의 운동 모습을 나타낸 것이다. 야구공의 운동을 분석하여 야구공이 올라가는 동안 역학적 에너지 전환을 서술하시오. (단, 공기 저항은 무시한다.)

Tip 야구공이 올라가는 동안 공 사이의 간격이 점점 좁아지므로 높이는 높아지만 속력은 점점 감소한다.
Key Word 위로 던져 올린 공, 역학적 에너지 전환

---

02 표는 연직 위로 던져 올린 공의 높이에 따른 위치 에너지와 운동 에너지를 나타낸 것이다.

높이(m)	위치 에너지(J)	운동 에너지(J)
2	19.6	78.4
5	49.0	49.0
10	98.0	0

이 자료로부터 알 수 있는 사실을 다음에 주어진 단어를 모두 사용하여 서술하시오.

> 전환, 감소, 증가, 보존, 합

Tip 공이 위로 올라가는 동안 위치 에너지는 증가하고, 운동 에너지는 감소한다.
Key Word 위치 에너지, 운동 에너지, 역학적 에너지, 전환, 보존

---

03 그림은 공기 저항이나 마찰을 무시할 때 롤러코스터가 레일을 따라 운동하는 모습을 나타낸 것이다.

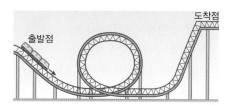

출발점을 떠난 롤러코스터가 도착점에 도착할 수 있는지를 쓰고, 그렇게 생각한 까닭을 서술하시오.

Tip 공기 저항이나 마찰을 무시하면 역학적 에너지는 일정하게 보존된다.
Key Word 위치, 역학적 에너지 보존

2 전기 에너지의 발생과 전환

❶ 전기 에너지의 발생과 전환

1. 전류의 발생
(1) 원리: 코일에 자석을 가까이 하거나 코일에서 자석을 멀리 하면 코일에 전류가 흐른다.
(2) 에너지 전환: 자석의 역학적 에너지가 전기 에너지로 전환된다.

2. 전자기 유도와 유도 전류
(1) 전자기 유도: 코일 근처에서 자석을 움직이거나 자석 근처에서 코일을 움직이면 코일에 전류가 흐르는데, 이러한 현상을 전자기 유도라고 한다.
(2) 유도 전류: 전자기 유도가 일어날 때 코일에 흐르는 전류

3. 발전과 발전기
(1) 발전: 운동 에너지나 위치 에너지 등 다른 에너지를 전기 에너지로 전환하는 것
(2) 발전기: 역학적 에너지를 이용하여 전기를 만드는 장치
  • 발전기의 구조: 자석과 코일로 이루어져 있다.
  • 발전기의 원리: 자석 사이에서 코일이 회전하면 코일에 전류가 흐른다.
  • 에너지 전환: 역학적 에너지 → 전기 에너지

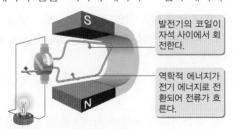

발전기의 코일이 자석 사이에서 회전한다.

역학적 에너지가 전기 에너지로 전환되어 전류가 흐른다.

4. 전기 에너지의 전환
(1) 열에너지: 전기난로, 전기밥솥, 토스터, 전기주전자, 전기다리미 등
(2) 빛에너지: 전구, 텔레비전, 컴퓨터 모니터, 휴대 전화의 화면 등
(3) 운동 에너지: 선풍기, 세탁기, 진공청소기, 에어컨 등
(4) 화학 에너지: 배터리 등

5. 에너지 보존 법칙: 에너지는 한 형태에서 다른 형태로 전환되거나 한 곳에서 다른 곳으로 이동할 수 있지만 새로 생성되거나 소멸되지 않는다.

❷ 전기 에너지의 양

1. 소비 전력: 전기 기구가 1초 동안 소비하는 전기 에너지의 양

> 정격 전압 220 V, 소비 전력 1200 W란 전기 기구를 220 V 전원에 연결하여 사용할 때 1초 동안 1200 J의 전기 에너지를 소비한다는 의미이다.

(1) 단위: W(와트), kW(킬로와트) 등
  • 1 W는 전기 기구가 1초 동안 1 J의 전기 에너지를 소비하는 것이다.
(2) 소비 전력은 전기 에너지를 사용한 시간으로 나누어 구한다.

$$\text{소비 전력(W)} = \frac{\text{전기 에너지(J)}}{\text{시간(s)}}$$

2. 소비 전력과 에너지 전환: 같은 목적으로 사용하더라도 사용 과정에서 불필요하게 낭비되는 열에너지가 많은 전기 기구일수록 소비 전력이 크다.
(1) 소비 전력은 전기 기구가 전기 에너지를 얼마나 효율적으로 사용하는지를 알 수 있는 기준이 되기도 한다.
(2) 전기난로나 전기밥솥과 같이 전기 에너지를 열에너지로 전환하여 사용하는 가전제품은 소비 전력이 크다.
(3) 조명 기구와 같이 전기 에너지를 빛에너지로 전환하여 사용하는 가전제품은 소비 전력이 상대적으로 작다.

3. 전력량: 전기 기구가 어느 시간 동안 사용한 전기 에너지의 양
(1) 단위: Wh(와트시), kWh(킬로와트시) 등
  • 1 Wh는 1 W의 전력을 1시간 동안 사용했을 때의 전력량
(2) 전력량은 전기 기구의 소비 전력과 사용한 시간을 곱하여 구한다.

$$\text{전력량(Wh)} = \text{소비 전력(W)} \times \text{시간(h)}$$

4. 에너지 소비 효율 등급 표시제: 가전제품이 에너지를 효율적으로 이용하는 정도를 1등급에서 5등급으로 구분하여 이를 표시한다. ➡ 1등급으로 갈수록 전기 에너지를 효율적으로 이용하는 가전제품이다.

중단원 실전 문제

1 전기 에너지의 발생과 전환

01 (중요)

그림과 같은 장치를 이용하면 코일에 전지와 같은 전원 장치를 연결하지 않더라도 전류를 흐르게 할 수 있다. 그림의 장치에서 전류가 흐르지 **않는** 경우는?

① 자석을 코일에 가까이 할 때
② 자석을 코일에서 멀리 할 때
③ 코일을 자석에 가까이 할 때
④ 코일을 자석에서 멀리 할 때
⑤ 자석을 코일 속에 넣어 둔 채로 가만히 있을 때

[02~03] 표는 그림과 같이 코일을 감은 플라스틱 관 속으로 자석을 낙하시켰을 때, 자석이 A에서 B까지 운동하는 동안 에너지 변화를 나타낸 것이다. (단, 공기 저항이나 마찰은 무시한다.)

구분	위치 에너지	운동 에너지
A	30 J	0 J
B	4 J	23 J

02 그림의 장치에서 자석이 코일을 지나는 동안 전구에 불이 켜졌다. 이에 대한 설명으로 옳지 **않은** 것은?

① 에너지는 보존된다.
② 역학적 에너지가 보존된다.
③ 전기 에너지가 빛에너지로 전환된다.
④ 위치 에너지가 운동 에너지로 전환된다.
⑤ 위치 에너지가 전기 에너지로 전환된다.

03 자석이 낙하하는 동안 전구가 소비하는 전기 에너지는?

① 3 J ② 4 J ③ 23 J
④ 27 J ⑤ 30 J

04 (중요)

그림은 자가발전 충전기의 손잡이를 돌려 스마트기기를 충전하는 모습을 나타낸 것이다.

이 과정에서 일어나는 에너지 전환 과정을 옳게 나타낸 것은?

① 운동 에너지 → 전기 에너지 → 빛에너지
② 전기 에너지 → 화학 에너지 → 빛에너지
③ 화학 에너지 → 전기 에너지 → 빛에너지
④ 운동 에너지 → 화학 에너지 → 전기 에너지
⑤ 운동 에너지 → 전기 에너지 → 화학 에너지

05 (중요)

가전제품에서 주로 일어나는 에너지 전환을 나타낸 것으로 옳은 것은?

① 형광등: 전기 에너지 → 열에너지
② 전기밥솥: 전기 에너지 → 빛에너지
③ 선풍기: 전기 에너지 → 소리 에너지
④ 세탁기: 전기 에너지 → 운동 에너지
⑤ 전기다리미: 전기 에너지 → 화학 에너지

06 세탁기로 빨래를 하였더니 세탁기에서 빛과 소리가 나고, 세탁조가 돌아가면서 열이 발생하였다. 이에 대한 설명으로 옳은 것은?

① 세탁기에서는 전기 에너지가 주로 빛에너지로 전환된다.
② 세탁기에서 전환된 에너지를 모두 합하면 소비한 전기 에너지와 양이 같다.
③ 세탁기가 소비한 전기 에너지의 양과 전환된 운동 에너지의 양은 같다.
④ 세탁기에서 전환된 에너지를 모두 합하면 소비한 전기 에너지보다 많다.
⑤ 세탁기에서는 전기 에너지가 주로 열에너지로 전환된다.

② 전기 에너지의 양

07 그림과 같이 어떤 가정에서 형광등 4개를 2시간 동안 사용하였더니 소비한 전기 에너지가 720000 J이었다. 이 가정에서 사용하는 형광등 1개의 소비 전력은? (단, 형광등의 소비 전력은 모두 같다.)

① 15 W   ② 20 W   ③ 25 W
④ 50 W   ⑤ 100 W

08 소비 전력이 25 W인 선풍기와 1000 W인 에어컨을 사용할 때에 대한 설명으로 옳은 것은?

① 에어컨의 소비 전력은 선풍기의 4배이다.
② 에어컨이 1시간 동안 소비하는 전기 에너지는 100 Wh이다.
③ 선풍기를 4시간 동안 켜면 소비하는 전기 에너지는 1000 Wh이다.
④ 에어컨 1대를 켜는 전기 에너지로 선풍기 10대를 켤 수 있다.
⑤ 같은 시간 동안 사용하면 에어컨이 선풍기보다 40배 많은 전기 에너지를 소비한다.

09 그림은 어떤 전구를 10분 동안 사용했을 때 전구에서 방출되는 빛에너지와 열에너지를 나타낸 것이다.

빛에너지 3600 J
열에너지 1200 J

이 전구를 5시간 사용했을 때, 전구가 소비하는 전기 에너지의 양은?

① 4 Wh   ② 8 Wh   ③ 20 Wh
④ 40 Wh   ⑤ 60 Wh

실전 서논술형 문제

01 그림과 같이 장치하고 자석을 코일에 가까이 하거나 멀리 하면 검류계 바늘이 움직인다.

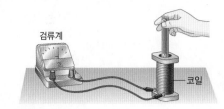

검류계
코일

이로부터 전류의 발생에 대해 알 수 있는 사실을 에너지 전환과 관련지어 서술하시오.

Tip 자석의 움직임은 역학적 에너지이고, 전류는 전기 에너지를 가진다.
Key Word 자석, 코일, 역학적 에너지, 전기 에너지, 전환

02 스마트기기에서는 다양한 종류의 에너지 전환이 일어난다. 스마트기기에서 전기 에너지가 빛에너지, 운동 에너지, 화학 에너지로 전환되는 과정을 각각 예를 들어 서술하시오.

Tip 스마트기기는 배터리에 저장된 전기 에너지를 이용하여 영상을 보고 전화가 왔을 때 진동으로 알려주기도 한다.
Key Word 스마트기기, 빛에너지, 전기 에너지의 전환

03 그림은 경수와 지우가 머리를 감고 나서 가전제품을 사용하여 머리카락을 말리는 모습을 나타낸 것이다.

경수
지우

두 사람 중 누가 더 많은 전기 에너지를 사용했는지 알기 위해서는 무엇을 알아야 하는지 서술하시오.

Tip 가전제품의 소비 전력은 1초 동안 전기 기구에서 사용하는 전기 에너지의 양을 나타낸 것이다.
Key Word 가전제품, 소비 전력, 전기 에너지

VII 별과 우주

1 별의 특성

❶ 연주 시차와 별의 거리

1. 시차: 두 관측 지점과 물체가 이루는 각
  (1) 물체는 관측 지점에 따라 멀리 있는 배경을 기준으로 위치가 달라 보인다.
  (2) 시차는 관측 지점과 물체 사이의 거리가 멀어질수록 작아진다.

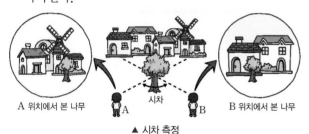

A 위치에서 본 나무   시차   B 위치에서 본 나무

▲ 시차 측정

2. 연주 시차: 6개월 간격으로 관측한 별의 시차의 $\frac{1}{2}$
  (1) 별까지의 거리는 멀어서 지구 공전 궤도의 양 끝이 관측 지점이 된다.
   📌 별 X의 연주 시차는 0.1″이다.

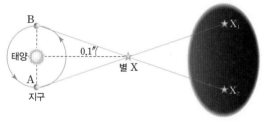

▲ 별의 연주 시차

  (2) 별까지의 거리는 연주 시차에 반비례한다.

$$별의\ 거리(pc) = \frac{1}{연주\ 시차(″)}$$

❷ 별의 밝기

1. 빛을 내는 물체의 밝기에 영향을 주는 요소
  (1) 방출하는 빛의 양에 따른 손전등의 밝기: 두 손전등이 같은 거리에 있으면 방출하는 빛의 양이 많은 손전등이 더 밝게 비춘다.
  (2) 거리에 따른 손전등의 밝기: 두 손전등이 방출하는 빛의 양이 같으면 거리가 가까운 손전등이 더 밝게 비춘다.

2. 별의 밝기와 거리
  (1) 별빛이 도달하는 면적은 거리의 제곱에 비례한다. 즉, 별로부터 거리가 2배, 3배, ……로 멀어지면 별빛이 받는 면적은 2^2배, 3^2배, ……로 늘어난다.

  (2) 별빛의 밝기는 거리의 제곱에 반비례한다. 즉, 별까지의 거리가 2배, 3배, ……로 멀어지면 별의 밝기는 $\frac{1}{2^2}$배, $\frac{1}{3^2}$배, ……로 줄어든다.

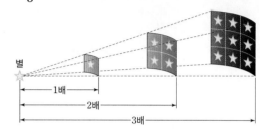

3. 별의 밝기와 등급
  (1) 히파르코스는 맨눈으로 볼 때 가장 밝은 별을 1등급, 가장 어두운 별을 6등급으로 정하였다.
  (2) 별의 등급과 밝기 차: 1등급인 별은 6등급인 별보다 약 100배($≒2.5^5$배) 밝다.
   ➡ 1등급 차이마다 밝기는 약 2.5배의 차이가 있다.

❸ 겉보기 등급과 절대 등급

1. 겉보기 등급과 절대 등급

구분	겉보기 등급	절대 등급
정의	우리 눈에 보이는 별의 밝기 등급	별이 10 pc(32.6광년)의 거리에 있다고 가정했을 때 별의 밝기 등급
특징	겉보기 등급이 작을수록 우리 눈에 밝게 보인다.	절대 등급이 작을수록 실제로 밝은 별이다.

2. 별의 등급과 거리 관계

겉보기 등급 < 절대 등급	10 pc보다 가까이 있는 별
겉보기 등급 = 절대 등급	10 pc에 있는 별
겉보기 등급 > 절대 등급	10 pc보다 멀리 있는 별

❹ 별의 색과 표면 온도

별은 표면 온도에 따라 색이 다르게 나타난다.

중단원 실전 문제

1 연주 시차와 별의 거리

01 그림은 양쪽 눈을 번갈아 감으며 연필의 위치를 관찰하는 것으로 연주 시차에 비유한 실험을 나타낸 것이다.

이에 대한 설명으로 옳은 것은?

① 두 눈은 별에 해당한다.
② 연필은 지구에 해당한다.
③ 두 눈과 연필 사이의 각이 시차이다.
④ 팔을 굽히면 연필의 시차는 작아진다.
⑤ 숫자는 연주 시차를 측정하려는 별에 해당한다.

02 시차와 물체와의 거리 관계를 나타낸 그래프로 옳은 것은?

03 그림 (가)와 (나)는 6개월 간격으로 밤하늘의 같은 부분을 관측한 모습을 나타낸 것이다.

(가)   (나)

별 S의 위치가 달라지는 이유는?

① 지구가 자전하기 때문에
② 다른 별들보다 멀리 있어서
③ 다른 별들보다 가까이 있어서
④ 태양계가 은하 외곽에 있기 때문에
⑤ 대부분의 별은 눈으로 확인할 만큼 움직이기 때문에

04 그림은 지구에서 6개월 간격으로 별 X와 별 Y를 관측한 결과를 나타낸 것이다.

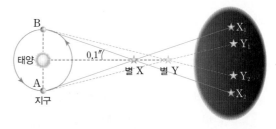

이에 대한 설명으로 옳은 것은?

① 별 X의 연주 시차는 $0.2''$이다.
② 별 Y의 연주 시차는 $0.1''$이다.
③ 별 Y의 연주 시차는 별 X보다 크다.
④ 연주 시차는 지구가 공전한다는 증거이다.
⑤ 연주 시차는 지구의 자전 궤도를 이용한다.

05 표는 지구로부터 별 A∼C까지의 거리를 나타낸 것이다.

별	A	B	C
거리(pc)	27	3	12

별 A∼C의 연주 시차를 옳게 비교한 것은?

① A>B>C   ② A>C>B
③ B>C>A   ④ C>A>B
⑤ C>B>A

2 별의 밝기

06 그림은 실제 밝기가 같은 별 A, B, C가 같은 거리만큼 떨어져 있는 것을 나타낸 것이다.

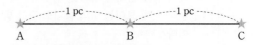

이에 대한 설명으로 옳은 것은?

① A에서 볼 때 C가 B보다 밝다.
② A에서 볼 때 B가 C보다 2배 밝다.
③ B는 A에서 볼 때보다 C에서 볼 때 더 밝다.
④ C에서 볼 때 B가 A보다 2배 밝다.
⑤ C에서 볼 때 B가 A보다 4배 밝다.

07 그림은 작은곰자리를 이루는 별들 중 별 A, B의 겉보기 밝기 등급을 나타낸 것이다.

별 A의 밝기를 별 B의 밝기와 비교한 것으로 옳은 것은?

① 별 A가 별 B보다 약 2배 밝게 보인다.
② 별 B가 별 A보다 약 2배 밝게 보인다.
③ 별 A가 별 B보다 약 6.3배 밝게 보인다.
④ 별 B가 별 A보다 약 100배 밝게 보인다.
⑤ 별 A와 별 B의 겉보기 밝기는 같다.

08 그림은 별의 등급에 따른 밝기 차이를 나타낸 것이다.

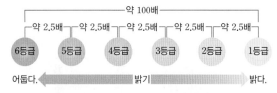

2등급인 별의 거리가 10배 멀어지게 되었을 때 이 별의 밝기 등급으로 적절한 것은?

① −3등급   ② 0등급   ③ 2등급
④ 6등급   ⑤ 7등급

3 겉보기 등급과 절대 등급

09 별의 겉보기 등급에 대한 설명으로 옳은 것만을 〈보기〉에서 있는 대로 고른 것은?

┤ 보기 ├
ㄱ. 별의 실제 밝기를 비교할 수 있다.
ㄴ. 우리 눈에 보이는 별의 밝기로 정한 밝기 등급이다.
ㄷ. 별이 10 pc(32.6광년)에 있다고 가정할 때의 밝기 등급이다.
ㄹ. 별의 거리를 고려하지 않고 지구에서 보이는 대로 정한 밝기 등급이다.

① ㄱ, ㄴ   ② ㄴ, ㄷ   ③ ㄴ, ㄹ
④ ㄷ, ㄹ   ⑤ ㄱ, ㄷ, ㄹ

10 표는 태양과 별 A의 특징을 나타낸 것이다.

구분	태양	A
모습		
절대 등급	4.8	0.68
겉보기 등급	−26.8	4.8

이에 대한 설명으로 옳은 것은?

① 태양은 10 pc보다 먼 거리에 있다.
② A는 태양보다 가까운 거리에 있다.
③ A는 10 pc보다 가까운 거리에 있다.
④ A가 태양과 같은 거리에 있다면 태양보다 어둡게 보인다.
⑤ 태양을 10 pc 거리로 이동시킨다면 A와 같은 밝기로 보인다.

[11~12] 표는 별 A~D의 절대 등급과 겉보기 등급을 나타낸 것이다.

별	겉보기 등급	절대 등급
A	1.6	−5.4
B	−1.2	1.5
C	−8.6	0.7
D	−1.1	−1.1

11 별 A~D 중 지구로부터의 거리가 10 pc보다 가까이 있는 별을 있는 대로 고른 것은?

① A, B   ② B, C   ③ C, D
④ A, C, D   ⑤ B, C, D

12 별 A~D에 대한 설명으로 옳지 않은 것은?

① 별 A는 눈으로 볼 때 가장 어두운 별이다.
② 별 B는 지구로부터 두 번째로 가까운 별이다.
③ 별 B는 실제로는 가장 어두운 별이다.
④ 실제로 가장 밝은 별은 D이다.
⑤ 눈으로 볼 때 별 C는 별 D보다 밝게 보인다.

13 그림은 여러 가지 별의 겉보기 등급과 절대 등급을 나타낸 것이다.

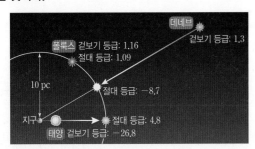

데네브 겉보기 등급: 1.3
폴룩스 겉보기 등급: 1.16 절대 등급: 1.09
10 pc
절대 등급: −8.7
지구 절대 등급: 4.8
태양 겉보기 등급: −26.8

이에 대한 설명으로 옳은 것만을 〈보기〉에서 있는 대로 고른 것은?

┤ 보기 ├
ㄱ. 연주 시차는 데네브가 가장 크다.
ㄴ. 실제로 가장 밝은 별은 태양이다.
ㄷ. 폴룩스는 태양보다 밝은 별이지만 멀리 있기 때문에 더 어둡게 보인다.

① ㄱ   ② ㄷ   ③ ㄱ, ㄴ
④ ㄴ, ㄷ   ⑤ ㄱ, ㄴ, ㄷ

3 별의 색과 표면 온도

14 표는 스피카와 안타레스의 특징을 나타낸 것이다.

별	스피카	안타레스
모습		
연주 시차	0.01″	0.005″
겉보기 등급	1등급	1등급

이에 대한 설명으로 옳은 것만을 〈보기〉에서 있는 대로 고른 것은?

┤ 보기 ├
ㄱ. 스피카가 안타레스보다 멀리 있다.
ㄴ. 스피카가 안타레스보다 밝게 보인다.
ㄷ. 스피카가 안타레스보다 표면 온도가 높다.

① ㄱ   ② ㄷ   ③ ㄱ, ㄴ
④ ㄴ, ㄷ   ⑤ ㄱ, ㄴ, ㄷ

실전 서논술형 문제

01 그림은 별의 연주 시차를 나타낸 것이다.

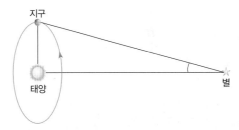

지구
태양
별

만약 지구의 공전 궤도 반지름이 지금보다 커진다면 별의 연주 시차는 어떻게 달라질지 이유와 함께 서술하시오.

Tip 연주 시차는 지구−별−태양이 이루는 각도이다.
Key Word 거리, 연주 시차

02 태양은 겉보기 등급이 −26.8등급, 절대 등급이 4.8등급으로, 실제 밝기가 같은 별보다 훨씬 더 밝게 보이는 별이다. 만약, 지구가 아닌 목성에서 태양을 본다면 태양의 겉보기 등급과 절대 등급은 어떻게 달라질지 서술하시오.

Tip 절대 등급은 별의 실제 밝기이다.
Key Word 별의 밝기와 거리

03 표는 시리우스의 겉보기 등급과 절대 등급을 나타낸 것이다.

겉보기 등급	절대 등급
−1.5	1.4

지구에서 시리우스까지의 거리가 10 pc보다 가까운지 먼지를 쓰고, 그 이유를 서술하시오.

Tip 절대 등급은 별을 10 pc 거리에 두었다고 가정했을 때의 밝기 등급이다.
Key Word (겉보기 등급−절대 등급)과 거리

2 은하와 우주

❶ 우리은하

1. 은하: 수많은 별과 성단, 성운 등이 모여 있는 거대한 집단

2. 우리은하: 태양계가 속해 있는 은하

　(1) 중심부가 볼록한 원반 모양이다.

　(2) 중심부에 막대 구조가 있고 막대 구조 끝부터 나선팔이 휘감고 있다.

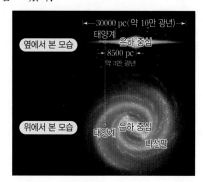

3. 은하수: 밤하늘을 가로지르는 희미한 띠 모양의 별의 집단으로, 우리나라에서는 겨울철보다 여름철에 더 밝고 두껍게 관측된다.

❷ 성운과 성단

1. 성간 물질: 별과 별 사이의 넓은 공간에 퍼져 있는 가스와 먼지 등

2. 성운: 성간 물질이 모여 구름처럼 보이는 것

방출 성운	반사 성운	암흑 성운
성간 물질이 주변의 별빛을 흡수하여 가열되면서 스스로 빛을 내는 것	성간 물질이 주변의 별빛을 반사하여 밝게 보이는 것	성간 물질이 뒤쪽에서 오는 별빛을 차단하여 어둡게 보이는 것

3. 성단: 수많은 별들이 모여 있는 집단

구분	산개 성단	구상 성단
모습		
정의	수십~수만 개의 별들이 엉성하게 모여 있는 성단	수만~수십만 개의 별들이 빽빽하게 공 모양으로 모여 있는 성단
표면 온도, 별의 색	표면 온도가 높고, 청색	표면 온도가 낮고, 적색
분포 위치	주로 나선팔	은하의 중심부, 은하 주변

❸ 외부 은하

1. 외부 은하: 우리은하 밖의 은하

2. 외부 은하의 분류: 모양에 따라 분류한다.

타원 은하	정상 나선 은하	막대 나선 은하	불규칙 은하
타원 모양	중심에서 나선팔이 휘어져 나온 모양	중심부의 막대 구조와 나선팔이 있는 모양	불규칙한 모양

❹ 우주 팽창

1. 팽창하는 우주

　(1) 허블은 외부 은하가 멀어짐을 관찰하였다.

　(2) 외부 은하는 먼 은하일수록 더욱 빨리 멀어진다.

　　➡ 우주가 팽창함을 알게 되었다.

　(3) 우주가 팽창한다는 것은 과거에는 우주가 지금보다 작았다는 것을 의미한다.

2. 빅뱅(대폭발) 이론: 우주는 한 점에서 대폭발로 탄생하였으며 지금도 팽창한다.

❺ 우주 탐사

1. 우주 탐사의 방법

　(1) **지상 망원경:** 지표면에서 천체를 관측

　(2) **우주 망원경:** 우주 공간에서 천체를 관측

　(3) **인공위성:** 지구나 다른 행성을 돌면서 관측

　(4) **우주 탐사선:** 천체 주위를 돌거나 착륙하여 관측

2. 우주 탐사의 성과: 1950년대 최초의 인공위성 → 1960년대 유인 우주선으로 달 탐사 → 1970년대 태양계 행성 탐사 → 1980년대 우주 정거장, 우주 왕복선으로 탐사 → 1990년대 허블 우주 망원경, 행성 탐사선 등으로 탐사 → 2000년대 우주 정거장과 탐사 로봇

3. 우주 탐사의 영향

　(1) 우주와 지구에 대해 이해한다.

　(2) 다양한 직업, 학문, 산업 분야가 생성된다.

　(3) 첨단 기술이 일상생활에 적용된다.

　(4) 많은 우주 탐사로 인해 우주 쓰레기의 피해가 생긴다.

중단원 실전 문제

❶ 우리은하

01 그림은 밤하늘에 보이는 희미한 띠 모양을 나타낸 것이다.

이에 대한 설명으로 옳은 것만을 〈보기〉에서 있는 대로 고른 것은?

┤ 보기 ├
ㄱ. 수많은 별로 이루어져 있다.
ㄴ. 우리은하 바깥의 천체들이다.
ㄷ. 우리나라에서는 겨울철보다 여름철에 더 밝게 보인다.

① ㄱ   ② ㄴ   ③ ㄱ, ㄷ
④ ㄴ, ㄷ   ⑤ ㄱ, ㄴ, ㄷ

02 우리은하에 대한 설명으로 옳지 않은 것은?

① 지름은 약 10만 광년이다.
② 대부분 성운으로 구성된다.
③ 중심부에는 별들이 밀집되어 있다.
④ 주변부는 나선팔이 뻗어 나와 있다.
⑤ 중심부에는 막대 모양의 구조가 있다.

03 그림 (가)는 우리은하를 옆에서 본 모습을, (나)는 위에서 본 모습을 나타낸 것이다.

(가)   (나)

태양계의 위치를 옳게 짝 지은 것은?

	(가)	(나)		(가)	(나)
①	A	a	②	A	b
③	B	c	④	C	a
⑤	C	b			

❷ 성운과 성단

04 그림은 성운의 생성 원리를 나타낸 것이다.

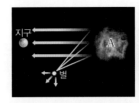 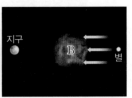

A와 B 성운의 종류를 각각 쓰시오.

05 그림 (가)~(다)는 천체의 모습을 나타낸 것이다.

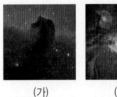 

(가)   (나)   (다)

이에 대한 설명으로 옳은 것은?

① (가)는 수십~수만 개의 별들로 이루어져 있다.
② (가)는 검은색으로 보이는 것으로 보아 방출 성운이다.
③ (나)는 뒤쪽에서 오는 별빛을 가린다.
④ (나)는 우리은하 바깥에 있는 천체이다.
⑤ (다)는 주변 별빛을 반사하여 밝게 보인다.

06 그림은 우리은하 내의 성단을 나타낸 것이다.

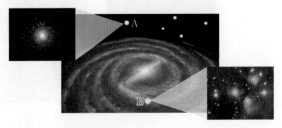

이에 대한 설명으로 옳은 것은?

① A는 산개 성단이다.
② A는 나선팔에 주로 분포한다.
③ A는 청색의 별들로 구성되어 있다.
④ A는 B보다 별의 수가 많다.
⑤ B는 표면 온도가 낮은 별들로 이루어져 있다.

07 오른쪽 그림은 성단 A, B의 특징을 나타낸 것이다. 성단 A가 B보다 큰 값을 갖는 것은?

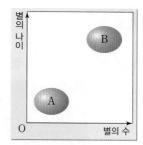

① 별의 크기
② 별의 표면 온도
③ 성단까지의 거리
④ 별들의 부피의 합
⑤ 별들의 질량의 합

③ 외부 은하

08 다음은 1920년대 과학자 허블의 연구에 대한 내용이다.

- 대형 망원경을 이용해 측정한 안드로메다까지의 거리는 260 kpc로 측정되었다.
- 우리은하의 크기는 약 30 kpc로 알려져 있었다.

안드로메다에 대한 허블의 결론으로 적절한 것은?

① 구상 성단이다.
② 산개 성단이다.
③ 외부 은하이다.
④ 불규칙 은하이다.
⑤ 나선팔이 존재하지 않을 것이다.

09 그림 (가)와 (나)는 서로 다른 두 종류의 천체를 나타낸 것이다.

(가)   (나)

이에 대한 설명으로 옳은 것은?

① (가)는 우리은하의 모습이다.
② (가)는 나선팔이 보이므로 막대 나선 은하이다.
③ 지구에서 (가)까지의 거리는 10만 광년 이내이다.
④ (나)는 별들이 듬성하게 모인 산개 성단이다.
⑤ (가)와 (나) 모두 우리은하 바깥의 천체이다.

10 그림은 허블의 외부 은하 분류를 나타낸 것이다.

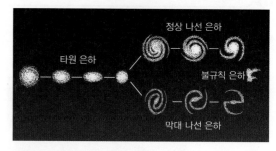

이에 대한 설명으로 옳은 것은?

① 우리은하는 정상 나선 은하이다.
② 나선 은하는 중심부에 막대가 있다.
③ 나선 은하는 나선팔이 휘감겨 있다.
④ 타원 은하에도 나선팔이 휘감겨 있다.
⑤ 불규칙 은하는 중심부에 막대 구조가 있다.

④ 우주 팽창

11 그림은 마시멜로에 핀을 꽂고 감압 용기에 넣은 후 뚜껑을 닫고 용기 안의 공기를 빼 마시멜로를 부풀리는 실험을 나타낸 것이다.

공기를 빼기 전   공기를 뺀 후

이에 대한 설명으로 옳지 않은 것은?

① 우주 팽창에 대한 실험이다.
② 마시멜로는 우주에 해당한다.
② 우주가 팽창하듯 마시멜로가 팽창한다.
④ 마시멜로가 팽창하면 핀의 간격이 멀어진다.
⑤ 은하의 수가 증가하듯 핀을 더 꽂아야 한다.

12 우주의 크기 변화에 대한 모습으로 옳은 것은?

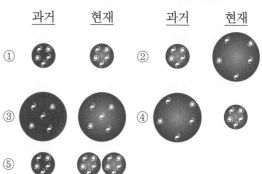

⑤ 우주 탐사

13 다음은 무엇에 대한 설명인가?

> • 발사 로켓의 하단부, 오래된 인공위성에서 생긴 파편 등으로 우주 공간을 떠도는 인공적인 물체이다.
> • 우주에서 인공위성과 부딪치거나 지표로 떨어져 여러 가지 피해를 줄 수 있다.

① 로켓 　　　　　② 우주 망원경
③ 해양 쓰레기 　　④ 우주 쓰레기
⑤ 우주 탐사선

14 우주 탐사에 대한 설명으로 옳은 것만을 〈보기〉에서 있는 대로 고른 것은?

> ┤ 보기 ├
> ㄱ. 태양계 내의 행성들을 더 잘 이해하기 위해 탐사선을 보낸다.
> ㄴ. 지구 이외의 장소에서 생명체의 유무, 물의 존재 등을 찾고 있다.
> ㄷ. 지표면에서보다 더 뚜렷한 영상을 얻기 위해 지구의 대기 밖에 망원경을 설치한다.

① ㄱ 　　　　② ㄴ 　　　　③ ㄱ, ㄷ
④ ㄴ, ㄷ 　　⑤ ㄱ, ㄴ, ㄷ

15 다음은 일상생활에서 사용하고 있는 위치 확인 서비스에 대한 내용이다. (　　) 안의 알맞은 말은?

> GPS(위성 위치 확인 시스템)는 지구 주위를 돌고 있는 24개 이상의 (　　)으로부터 실시간 위치, 시간 정보를 받아 특정 장소의 위치를 파악한다. 버스 위치 정보, 길찾기 등 실생활에 유용하게 사용되고 있다.

① 행성 　　　　② 항성
③ 인공위성 　　④ 우주 망원경
⑤ 우주 탐사선

실전 서논술형 문제

01 오른쪽 그림은 독수리자리 부근에서 검게 보이는 E 모양의 성운을 나타낸 것이다. E 성운의 종류와 이 성운이 어둡게 보이는 이유를 서술하시오.

Tip E 성운은 어둡게 보이는 성운으로 뒤에서 오는 별빛을 가린다.
Key Word 암흑 성운, 별빛

_____

_____

02 오른쪽 그림은 메시에 101 은하를 나타낸 것이다. 이 은하는 다음 은하들 중 어떤 종류로 분류되는지 골라 쓰고, 그 이유를 서술하시오.

> 정상 나선 은하, 막대 나선 은하, 불규칙 은하, 타원 은하

Tip 은하의 중심부에서 나선팔이 시작되는 은하이다.
Key Word 막대 구조, 나선팔

_____

_____

03 대폭발 이론에서 시간에 따른 우주의 크기는 어떻게 달라지는지 쓰고, 그 근거를 허블의 관측 결과로 서술하시오.

Tip 대폭발 이론은 우주가 팽창한다는 이론이며, 허블은 외부 은하가 멀어짐을 관측하였다.
Key Word 멀어진다, 우주 팽창

_____

VIII 과학기술과 인류 문명

1 과학과 인류 문명

1 과학과 인류 문명

❶ 인류 문명 발달에 영향을 미친 과학 원리의 발견

1. **과학 원리**: 사람들이 세상을 이해하는 방식을 변화시키고, 과학기술 발달의 원동력이 됨
2. **불의 이용**: 금속 제련 기술 발달 → 철제 무기, 철제 농기구 생산 → 인류 생활 수준 향상
3. **태양 중심설**: 지구가 우주 중심이라고 생각했던 중세의 우주관이 바뀌기 시작함
4. **세포의 발견**: 생물체를 작은 세포들이 모여 이루어진 존재로 인식하게 됨
5. **만유인력 법칙**: 자연 현상을 이해하고 그 변화를 예측할 수 있게 하여 과학 발전의 토대가 됨
6. **전자기 유도 법칙**: 발전기가 만들어지고 전기를 생산하고 활용할 수 있는 방법이 열림

❷ 인류 문명 발달에 영향을 미친 과학기술

1. 인류 문명의 발달에 영향을 미친 과학기술

인쇄 분야	지식과 정보 유통이 활발해짐
교통 분야	• 증기 기관을 이용한 제품 대량 생산화로 공업과 제조업 발달 • 증기 기관차, 철도, 증기선의 개발 • 항해술의 발달로 인류 생활이 향상됨
의료 분야	백신과 항생제의 개발로 인류 수명 연장
농업 분야	암모니아 합성법으로 식량 생산 증대
정보 통신 분야	인류의 문명과 생활 변화

2. 과학기술 발달의 의의
(1) 다양한 분야에 영향을 주고, 인류 문명을 크게 변화시킴
(2) 인류의 사고방식을 변화시킴
(3) 인류의 생활을 편리하고 풍요롭게 만듦

❸ 과학기술과 공학적 설계

1. 미래 사회에 활용할 수 있는 기술

나노 기술	제품의 소량화, 경량화가 가능해짐
생명 공학 기술	식량 문제 해결, 유용한 의약품 개발, 질병 치료 방법 개발, 친환경 에너지 생산
정보 통신 기술	다양한 전자 기기가 개발되고 다양한 사물이 통신망으로 연결되고 있음

2. 공학적 설계: 새로운 제품이나 시스템을 개발하거나 기존 제품을 개선하는 창의적인 설계 과정

중단원 실전 문제

❶ 인류 문명 발달에 영향을 미친 과학 원리의 발견

01 과학 원리의 발견이 인류에게 미친 영향으로 옳은 것만을 〈보기〉에서 있는 대로 고른 것은?

┤ 보기 ├
ㄱ. 과학기술을 발달시키는 원동력이 되었다.
ㄴ. 사람들이 세상을 이해하는 방식을 변화시켰다.
ㄷ. 인류가 합리적이고 실험적인 방법보다는 신의 뜻에 따라서 결정하는 방법을 중요하게 생각하도록 하였다.

① ㄱ　　　　② ㄷ　　　　③ ㄱ, ㄴ
④ ㄴ, ㄷ　　　⑤ ㄱ, ㄴ, ㄷ

02 다음은 코페르니쿠스의 태양 중심설에 대한 설명이다.

지구와 다른 천체들은 태양 주위를 돌고 있다는 태양 중심설은 망원경으로 천체를 관측함으로써 그 증거를 발견하였다.

위 내용이 인류의 사고방식에 미친 영향으로 옳은 것만을 〈보기〉에서 있는 대로 고르시오.

┤ 보기 ├
ㄱ. 생물체를 바라보는 인식이 변화되었다.
ㄴ. 경험 중심의 과학적 사고를 경시하게 되었다.
ㄷ. 지구가 우주 중심이라고 생각했던 우주관이 바뀌었다.

03 다음에서 설명하고 있는 과학 원리는 무엇인가?

• 질량을 가지고 있는 모든 물체는 서로 끌어당기는 힘이 작용한다는 법칙으로 뉴턴이 주장하였다.
• 자연 현상을 이해하고 그 변화를 예측할 수 있게 하여 과학 발전에 토대가 되었다.

① 금속 제련술　　　② 태양 중심설
③ 세포의 발견　　　④ 만유인력 법칙
⑤ 전자기 유도 법칙

2 인류 문명 발달에 영향을 미친 과학기술

중요
04 인류 문명의 발달에 영향을 미친 과학기술에 대한 설명으로 옳지 않은 것은?

① 기계의 사용으로 제품의 대량 생산이 가능해졌다.
② 항해술의 발달로 먼 대륙 간의 교역이 활발해졌다.
③ 백신과 항생제의 개발을 통해 지식과 정보 유통이 활발해졌다.
④ 원거리 통신, 인터넷을 통해 전 세계적으로 정보 공유가 가능해졌다.
⑤ 금속 활자를 이용한 인쇄술의 전파로 지식과 정보의 유통이 활발해졌다.

3 과학기술과 공학적 설계

05 다음은 생명 공학 기술을 이용하여 만든 작물에 대한 설명이다.

> 바이타민 A를 강화한 쌀로, 사람의 체내에서 바이타민 A로 전환될 수 있는 물질을 많이 함유하고 있어 노란색을 띠므로 황금 쌀이라고 불린다.

이와 같은 생명 공학 기술을 이용하여 만든 생물을 무엇이라고 하는지 쓰시오.

중요
06 공학적 설계에 대한 설명으로 옳은 것만을 〈보기〉에서 있는 대로 고른 것은?

┤ 보기 ├
ㄱ. 적절한 과학 원리나 기술을 활용한다.
ㄴ. 공학적 설계는 일상생활에서 불편한 점을 인식하는 것으로부터 시작한다.
ㄷ. 기존 제품을 개선할 때는 사용되지 않고, 새로운 제품을 만들 때만 공학적 설계의 과정을 거친다.

① ㄱ
② ㄷ
③ ㄱ, ㄴ
④ ㄴ, ㄷ
⑤ ㄱ, ㄴ, ㄷ

실전 서논술형 문제

01 오른쪽 그림은 1655년에 로버트 훅이 직접 설계하고 제작하여 만든 현미경이다. 이 현미경을 이용하여 훅이 최초로 발견한 생물의 세포는 인류의 사고방식을 어떻게 변화시켰는지 서술하시오.

Tip 살아 있는 생물체의 몸도 세포라는 작은 단위로 이루어져 있다.
Key Word 세포, 생물체

02 그림은 금속 활자로 단어를 조합하여 만든 활판이다.

이러한 금속 활자를 이용하여 인쇄술이 발달하면서 책의 대량 생산이 가능해졌고, 이에 따라 인류 문명과 인류의 사회에는 어떤 변화가 생겼는지 서술하시오.

Tip 지식과 정보의 대량 유통으로 과학 중심의 사회가 되었다.
Key Word 지식, 정보, 인간, 과학

03 오른쪽 그림은 토마토와 감자를 접붙이기해서 만들어진 새로운 작물이다. 이와 같은 작물을 만드는 데 이용된 생명 공학 기술은 무엇인지 쓰고, 이 기술이 인류에게 주는 이로운 점은 무엇인지 서술하시오.

Tip 세포 융합 기술을 통해 더 많은 식량 자원을 얻을 수 있다.
Key Word 세포 융합, 식량

Memo

세상에 없던 새로운 공부법

EBS 중학

뉴런

과학 3

미니북

EBS 중학

뉴런

| 과학 3 |

미니북

1 물질 변화

① 물리 변화와 화학 변화

1. 물리 변화: 물질의 성질은 변하지 않으면서 물질의 모양이나 상태가 변하는 현상

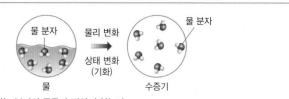

- 물질을 구성하는 분자의 종류가 변하지 않는다.
  ➡ 물질의 성질이 변하지 않는다.
  ➡ 물질을 구성하는 원자의 종류와 개수가 변하지 않는다.
- 분자의 배열만 변한다. ➡ 물질의 모양이나 상태가 변한다.

- 물리 변화의 예: 컵이 깨진다, 종이를 오린다, 아이스크림이 녹는다(융해), 유리창에 김이 서린다(액화), 설탕이 물에 녹는다, 향수 냄새가 퍼진다, 물에 잉크가 퍼진다, 꽃향기가 퍼진다. 등

2. 화학 변화: 어떤 물질이 성질이 다른 물질로 변하는 현상

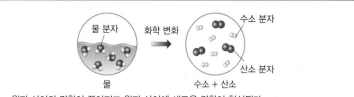

- 원자 사이의 결합이 끊어지고 원자 사이에 새로운 결합이 형성된다.
  ➡ 원자의 배열이 변한다.
- 원자 사이의 새로운 결합에 의해 분자의 종류가 달라진다.
  ➡ 물질의 성질이 변한다.
- 화학 변화가 일어나도 원자들의 재배열만 일어날 뿐, 원자의 종류와 개수는 변하지 않는다.

- 화학 변화의 예: 나무가 타며 빛과 열이 발생한다, 철이 녹슨다, 깎아 놓은 사과의 색이 변한다, 석회수에 이산화 탄소를 넣으면 뿌옇게 흐려진다, 상처에 과산화 수소수를 바르면 거품이 발생한다. 등

❷ 화학 반응과 화학 반응식

1. 화학 반응: 화학 변화가 일어나는 과정

   예 물 생성 반응: 수소와 산소가 반응하면 새로운 물질인 물이 생성된다.

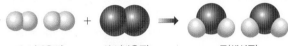

   수소(반응물)　　　산소(반응물)　　　　　물(생성물)

   • 반응물: 화학 반응에 참여하는 물질
   • 생성물: 화학 반응 후에 만들어진 새로운 물질
   • 화학 반응이 일어나면 물질을 이루는 원자의 종류와 수는 변하지 않지만, 원자의 배열이 달라져 반응 전 물질과 다른 새로운 물질이 생성된다.

2. 화학 반응식: 화학식을 이용하여 화학 반응을 나타낸 식

3. 화학 반응식을 나타내는 방법(**예** 수소와 산소가 반응하여 물이 생성되는 반응)

1단계	화살표의 왼쪽에는 반응물을, 화살표의 오른쪽에는 생성물을 쓴다. 이때 반응물이나 생성물이 두 가지 이상이면 각 물질을 '+'로 연결한다.	수소+산소 ⟶ 물
2단계	반응물과 생성물을 화학식으로 나타낸다.	$H_2 + O_2 \longrightarrow H_2O$
3단계	화학식 앞에 계수를 붙여서 화살표 좌우의 원자의 종류와 개수를 같게 맞춘다. 이때 계수는 간단한 정수로 나타내고, 1일 때는 생략한다.	$2H_2 + O_2 \longrightarrow 2H_2O$

4. 화학 반응식으로 알 수 있는 것: 화학 반응식을 통해 반응물과 생성물의 종류, 원자의 종류와 개수, 계수비(분자 수의 비)를 알 수 있다. **예** 메테인의 연소 반응

화학 반응식	CH_4	+	$2O_2$	⟶	CO_2	+	$2H_2O$
분자의 종류와 개수	메테인 분자 1개		산소 분자 2개		이산화 탄소 분자 1개		물 분자 2개
원자의 종류와 개수	탄소 원자 1개 수소 원자 4개		산소 원자 4개		탄소 원자 1개 산소 원자 2개		수소 원자 4개 산소 원자 2개
계수비	1	:	2	:	1	:	2
분자 수비	1	:	2	:	1	:	2

② 질량 보존 법칙

① 질량 보존 법칙

1. 질량 보존 법칙: 화학 반응이 일어날 때 반응물의 전체 질량은 생성물의 전체 질량과 같다.
- 질량 보존 법칙이 성립하는 까닭: 화학 반응이 일어날 때 물질을 이루는 원자의 배열만 달라질 뿐 새롭게 생기거나 없어지지 않기 때문이다.
- 질량 보존 법칙 적용: 물리 변화와 화학 변화에 모두 적용된다.

2. 앙금 생성 반응에서의 질량 변화: 앙금이 생성되어도 반응 전후에 물질의 전체 질량은 같다.

화학 반응	염화 나트륨 수용액과 질산 은 수용액을 혼합하면 흰색 앙금인 염화 은이 생성된다.
질량 관계	반응 전 질량(염화 나트륨+질산 은)=반응 후 질량(염화 은+질산 나트륨)

3. 기체 발생 반응에서의 질량 변화

	탄산 칼슘과 묽은 염산이 반응하면 이산화 탄소 기체가 발생한다.	
	닫힌 용기	열린 용기
화학 반응	염산, 탄산 칼슘 ➡	염산, 탄산 칼슘 ➡
	질량 일정 ➡ 발생한 기체가 날아가지 못하기 때문	질량 감소 ➡ 발생한 기체가 공기 중으로 날아가기 때문
질량 관계	반응 전 질량(탄산 칼슘+묽은 염산)=반응 후 질량(염화 칼슘+물+이산화 탄소)	

4. 연소 반응에서의 질량 변화

강철 솜	반응 전보다 질량이 증가하는 것으로 측정되지만 결합한 기체의 질량을 고려하면 반응 전후에 물질의 전체 질량은 같다.
나무	반응 전보다 질량이 감소하는 것으로 측정되지만 발생하는 기체의 질량을 고려하면 반응 전후에 물질의 전체 질량은 같다.

3 일정 성분비 법칙

❶ 일정 성분비 법칙

1. 일정 성분비 법칙: 화합물을 구성하는 성분 원소 사이에는 일정한 질량비가 성립한다.
- 혼합물에서는 성립하지 않고, 화합물에서만 성립한다.
- 일정 성분비 법칙이 성립하는 까닭: 물질을 구성하는 원자가 항상 일정한 개수비로 결합하여 화합물 생성하기 때문이다.

2. 원자의 상대적 질량을 이용하여 성분 원소의 질량비 구하기: 화합물을 구성하는 성분 원소의 질량비는 원자의 개수비에 원자의 상대적 질량을 곱해서 구한다.

(원자의 상대적 질량: 탄소=12, 산소=16)

화합물	일산화 탄소 (CO)	이산화 탄소(CO_2)
모형		
원자의 개수비 (탄소 : 산소)	1 : 1	1 : 2
성분 원소의 질량비 (탄소 : 산소)	$1 \times 12 : 1 \times 16 = 3 : 4$	$1 \times 12 : 2 \times 16 = 3 : 8$

3. 볼트(B)와 너트(N)를 이용한 일정 성분비 법칙 확인 모형: 화합물 모형을 구성하는 볼트와 너트는 일정한 개수비로 결합하므로, 여분의 모형은 결합하지 않고 남는다.

예 화학 반응식: $B + 2N \longrightarrow BN_2$

구분	반응물		생성물	남는 물질
모형	+			없음
개수	B 3개	N 6개	BN_2 3개	
모형	+			
개수	B 3개	N 4개	BN_2 2개	B 1개

③ 일정 성분비 법칙

❷ 화합물을 이루는 성분 원소의 질량비

1. 산화 구리(Ⅱ) 생성 반응에서 질량비: 구리 가루를 가열하면 구리와 산소가 4 : 1 의 질량비로 반응하여 산화 구리(Ⅱ)가 생성된다.

구리 + 산소 ⟶ 산화 구리(Ⅱ)
질량비 ➡ 4 : 1 : 5

▲ 구리와 산소의 질량 관계　　　　▲ 구리와 산화 구리(Ⅱ)의 질량 관계

2. 물의 합성 반응에서 질량비: 수소와 산소의 혼합 기체에 전기 불꽃을 가하면 수소 와 산소가 1 : 8의 질량비로 반응하여 물이 생성된다.

수소 + 산소 ⟶ 물
질량비 ➡ 1 : 8 : 9

• 물 합성 실험에서 질량 관계: 수소와 산소는 항상 1 : 8의 질량비로 반응하여 물을 생성하므로 과량의 수소 또는 산소는 반응하지 않고 남는다.

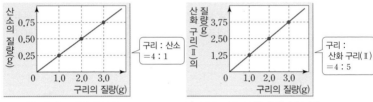

실험	반응 전 기체의 질량(g)		남은 기체의 종류와 질량(g)	반응한 기체의 질량(g)		생성된 물의 질량(g)
	수소	산소		수소	산소	
1	2	8	수소, 1	1	8	9
2	3	24	없음	3	24	27
3	6	60	산소, 12	6	48	54
반응하는 수소와 산소의 질량비				1 : 8		

4 기체 반응 법칙

❶ 기체 반응 법칙

1. 기체 반응 법칙: 일정한 온도와 압력에서 기체들이 반응하여 새로운 기체가 생성될 때 각 기체의 부피 사이에는 간단한 정수비가 성립한다.
- 수소와 산소가 반응하여 수증기를 생성할 때 부피비는 수소 : 산소 : 수증기 =2 : 1 : 2로 일정하다.
- 기체 사이의 부피비는 화학 반응식에서 계수비와 같다.

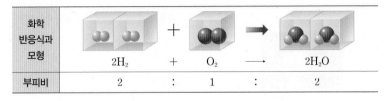

화학 반응식과 모형	$2H_2$	$+$	O_2	$\longrightarrow$	$2H_2O$
부피비	2	:	1	:	2

2. 아보가드로 법칙: 같은 온도와 압력에서 모든 기체는 같은 부피 속에 같은 수의 분자가 들어 있다. 기체는 분자 수에 비례하여 부피를 차지하므로, 기체의 부피와 그 부피 속에 포함된 기체 분자의 수는 비례한다.

3. 기체 반응 법칙의 적용: 온도와 압력이 일정할 때 기체 사이의 반응에서 각 기체의 부피비는 분자 수비와 같다.

암모니아 생성 반응	화학 반응식과 모형	N_2	$+$	$3H_2$	$\longrightarrow$	$2NH_3$
	부피비	1	:	3	:	2
	분자 수비	1	:	3	:	2
염화 수소 생성 반응	화학 반응식과 모형	H_2	$+$	Cl_2	$\longrightarrow$	$2HCl$
	부피비	1	:	1	:	2
	분자 수비	1	:	1	:	2

5 화학 반응에서의 에너지 출입

❶ 화학 반응에서의 에너지 출입

1. 화학 반응이 일어날 때 에너지 변화: 에너지를 방출하거나 흡수한다.

2. 발열 반응: 에너지를 방출하는 반응이다. 주변으로 에너지를 방 출하므로 주변의 온도가 높아진다.

에너지 방출

> 예 연소 반응, 산과 염기의 반응, 산화 칼슘과 물의 반응, 금속과 산의 반응, 철이 녹스는 반응, 호흡 등

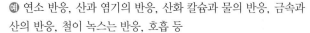

연소 반응	산과 염기의 반응	산화 칼슘과 물의 반응
	수산화 나트륨 수용액 / 묽은 염산	물 / 산화 칼슘

3. 흡열 반응: 에너지를 흡수하는 반응이다. 주변의 에너지를 흡수 하므로 주변의 온도가 낮아진다.

에너지 흡수

> 예 수산화 바륨과 염화 암모늄의 반응, 소금이 물에 녹는 반응, 광합성, 열분해, 물의 전기 분해, 질산 암모늄과 물의 반응 등

수산화 바륨과 염화 암모늄의 반응	소금과 물의 반응	광합성 반응
수산화 바륨 + 염화 암모늄	소금 / 얼음물	물관 / 체관 / 태양 / 기공 / 물 / 이산화 탄소 / 포도당 / 산소 / 설탕 / 녹말 / 체관

4. 화학 반응에서 출입하는 에너지의 이용

발열 반응의 이용	발열 깔창	철가루와 산소가 반응할 때 방출하는 에너지가 발을 따뜻하게 한다.
	발열 컵	산화 칼슘과 물이 반응할 때 방출하는 에너지가 컵 안의 음료를 데운다.
흡열 반응의 이용	냉찜질 주머니	질산 암모늄이 물에 녹을 때 주변의 온도가 낮아지는 것을 이용한다.
	한제	두 가지 이상의 물질을 혼합하여 만든 냉각제로, 주로 얼음과 소금 을 혼합한 것을 사용한다.

① 기권과 지구 기온

❶ 기권의 층상 구조

1. 기권: 지구를 둘러싸고 있는 대기로, 지표면으로부터 약 1000 km 높이까지 분포한다.
  • 여러 가지 기체로 이루어져 있고, 질소와 산소가 대부분을 차지한다.

2. 기권의 층상 구조: 높이에 따른 기온 분포에 따라 4개의 층으로 구분한다.

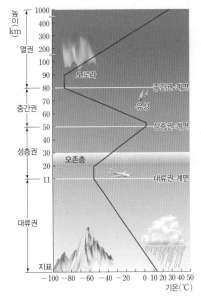

▲ 기권의 구조

구분		특징
열권	분포	높이 약 80 km~1000 km
	기온	높이 올라갈수록 기온 상승
	특징	• 공기가 매우 희박하다. ➡ 낮과 밤의 기온 차가 크다. • 오로라가 나타난다.
중간권	분포	높이 약 50 km~80 km
	기온	높이 올라갈수록 기온 하강
	특징	• 대류 현상이 있다. • 수증기가 거의 없다. ➡ 기상 현상이 없다. • 가장 낮은 기온이 나타난다. • 상부에 유성이 나타난다.
성층권	분포	높이 약 11 km~50 km
	기온	높이 올라갈수록 기온 상승
	특징	• 오존층이 존재하여 자외선을 흡수한다. • 대류 현상이 일어나지 않는다. ➡ 대기가 안정하다.
대류권	분포	지표면~높이 약 11 km
	기온	높이 올라갈수록 기온 하강
	특징	• 대부분의 공기가 모여 있다. • 대류 현상이 활발하다. • 수증기가 있다. ➡ 기상 현상이 나타난다.

① 기권과 지구 기온

❷ 복사 평형

1. 복사 평형: 물체가 흡수한 복사 에너지양과 방출한 복사 에너지양이 같아서 온도가 일정하게 유지되는 상태

2. 지구의 복사 평형

(1) 지구가 흡수한 태양 복사 에너지양(70) = 지구에서 방출하는 지구 복사 에너지양(70)

(2) 지구가 복사 평형을 이루므로 연평균 기온이 일정하게 유지된다.

❸ 지구 온난화

1. 온실 효과: 지구의 대기가 지표로 방출하는 복사 에너지 때문에 평균 기온이 높아지는 현상

• 대기가 존재하면 대기가 없을 때보다 더 높은 온도에서 복사 평형을 이룬다.

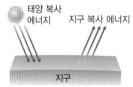
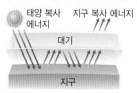

▲ 지구의 온실 효과와 복사 평형

2. 온실 기체: 온실 효과를 일으키는 대기의 성분으로, 수증기, 이산화 탄소, 메테인 등이 있다.

3. 지구 온난화: 온실 효과의 증가로 지구의 평균 기온이 점점 상승하는 현상

(1) **원인:** 온실 기체의 양이 점점 많아지기 때문

(2) **영향:** 해수면 상승, 육지 면적 감소, 폭염, 홍수 등의 기상 이변 증가

② 대기 중의 수증기

❶ 대기 중의 수증기

1. 포화 상태: 어떤 공기가 수증기를 최대로 포함하고 있는 상태

2. 포화 수증기량: 포화 상태의 공기 1 kg에 들어 있는 수증기량을 g으로 나타낸 것
- 기온이 높아질수록 포화 수증기량은 증가한다.

3. 이슬점과 응결량
(1) 이슬점: 수증기가 응결하기 시작할 때의 온도
(2) 현재 공기 중에 포함된 수증기량이 많을수록 이슬점이 높아진다.
(3) 응결량: 현재 수증기량 − 냉각된 온도에서의 포화 수증기량

❷ 상대 습도

1. 상대 습도: 현재 기온에서 공기의 포화 수증기량에 대한 실제 포함된 수증기량의 비율

$$상대\ 습도(\%) = \frac{현재\ 공기의\ 실제\ 수증기량(g/kg)}{현재\ 공기의\ 포화\ 수증기량(g/kg)} \times 100$$

2. 상대 습도의 변화
(1) 기온과 상대 습도

기온이 일정할 때	수증기량이 많아질수록 상대 습도는 높아진다.
기온이 높아질 때	포화 수증기량이 증가하므로 상대 습도는 낮아진다.
기온이 낮아질 때	포화 수증기량이 감소하므로 상대 습도는 높아진다.

(2) 맑은 날 하루 동안 기온과 습도, 이슬점의 변화
- 기온이 높은 낮에는 습도가 낮고, 기온이 낮은 밤에는 습도가 높다.
- 이슬점은 공기 중의 수증기량이 거의 일정하기 때문에 크게 변하지 않는다.

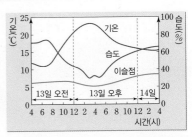

▲ 맑은 날 하루 동안의 기온, 습도, 이슬점의 변화

③ 구름과 강수

❶ 구름

1. 단열 팽창: 공기가 외부와 열을 주고받지 않으면서 부피가 팽창하는 현상
  • 단열 팽창하면 공기의 온도가 낮아진다.

▲ 단열 팽창

2. 구름: 물방울이나 얼음 알갱이가 하늘에 떠 있는 것

3. 구름의 생성 과정

  (1) 지표 근처의 공기가 상승할 때 구름이 만들어진다.

  (2) 공기 상승 → 단열 팽창 → 기온 하강 → 이슬점 도달 → 수증기 응결 → 구름 생성

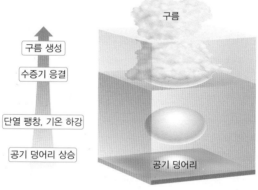

▲ 구름이 만들어지는 과정

4. 구름이 만들어지는 경우

지표면의 일부 가열	공기가 산을 타고 오를 때	따뜻한 공기와 찬 공기가 만날 때

5. 구름의 모양: 공기가 상승하는 정도에 따라 달라진다.

구분	적운형 구름	층운형 구름
모양	위로 솟은 모양	옆으로 퍼지는 모양
공기 상승	공기가 강하게 상승할 때	공기가 약하게 상승할 때

❷ 강수

1. 강수: 구름에서 비나 눈 등이 만들어져 지표로 떨어지는 현상

2. 강수 이론

구분	병합설	빙정설
지역	열대 지역(저위도 지역)	중위도 지역, 고위도 지역
구성	수증기, 물방울	수증기, 물방울, 빙정(얼음 알갱이)
원리	작은 물방울들이 서로 충돌하여 더 큰 물방울이 되면 무거워져서 떨어져 비가 된다.	빙정이 점점 커지다 무거워져서 떨어지면 눈이 되고, 떨어지다가 녹으면 비가 된다.
모습		

4 기압과 바람

❶ 기압

1. 기압: 공기가 충돌하면서 단위 넓이에 작용하는 힘
- 기압의 방향: 모든 방향으로 작용한다.

2. 토리첼리의 기압 측정 실험
(1) 유리관 속 76 cm의 수은 기둥이 누르는 압력(A)=수조의 수은면을 누르는 기압(B)
(2) 기압이 일정하면 유리관을 기울이거나 유리관의 굵기를 다르게 해도 수은 기둥의 높이는 일정하다.
(3) 수은 기둥의 높이는 기압이 높아지면 높아지고, 기압이 낮아지면 낮아진다.

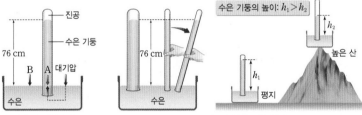

▲ 토리첼리 실험   ▲ 수은 기둥의 높이 변화

3. 1기압=76 cmHg=760 mmHg≒1013 hPa(헥토파스칼)

4. 기압의 크기 변화
(1) **측정하는 장소와 시간에 따른 변화:** 공기는 계속 움직이기 때문에 측정하는 장소와 시간에 따라 기압이 달라진다.
(2) **높이에 따른 변화:** 높이 올라갈수록 공기의 양이 줄어들기 때문에 높이 올라갈수록 기압은 낮아진다.

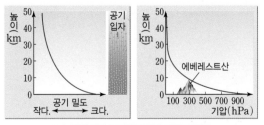

▲ 높이에 따른 공기의 밀도와 기압의 변화

❷ 바람

1. 바람: 기압이 높은 곳에서 낮은 곳으로 공기가 수평 방향으로 이동하는 흐름

2. 바람의 생성 원인: 두 지점 사이에서 생기는 기압 차이 때문이다.

   (1) 지표면이 가열된 지역은 공기가 상승하면서 지표면의 기압이 낮아진다.

   (2) 지표면이 냉각된 지역은 공기가 하강하면서 지표면의 기압이 높아진다.

3. 바람이 부는 원리: 기압이 높은 곳에서 낮은 곳으로 공기가 이동하여 바람이 분다.

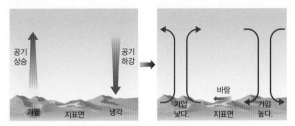

▲ 바람이 부는 원리

4. 해륙풍과 계절풍: 지표면의 가열과 냉각에 의한 기압 차이로 부는 바람이다.

구분	해륙풍		계절풍	
	해풍	육풍	남동 계절풍	북서 계절풍
시간	낮	밤	여름	겨울
기온	바다<육지	바다>육지	해양<대륙	해양>대륙
기압	바다>육지	바다<육지	해양>대륙	해양<대륙
풍향	바다 → 육지	육지 → 바다	해양 → 대륙	대륙 → 해양
모습				

5 날씨의 변화

❶ 기단

1. **기단**: 넓은 범위에 걸쳐 기온과 습도 등의 성질이 비슷한 거대한 공기 덩어리
2. **기단의 성질**: 만들어진 장소의 성질(기온, 습도)에 따라 달라진다.
3. **우리나라 날씨에 영향을 주는 기단**

계절	기단	날씨
봄, 가을	양쯔강 기단	따뜻하고 건조
초여름	오호츠크해 기단	동해안 지역에 저온 현상
여름	북태평양 기단	무덥고 습함. 폭염, 열대야
겨울	시베리아 기단	춥고 건조, 한파

❷ 전선

1. **전선면**: 성질이 다른 두 기단이 만나서 생기는 경계면
2. **전선**: 전선면과 지표면이 만나서 이루는 경계선
3. **전선의 종류**

		전선면 기울기	급하다.
한랭 전선		구름	적운형 구름
		전선 통과 후 기온	낮아진다.
		강수	좁은 지역에 소나기성 비
		이동 속도	빠르다.
온난 전선		전선면 기울기	완만하다.
		구름	층운형 구름
		전선 통과 후 기온	높아진다.
		강수	넓은 지역에 지속적인 비
		이동 속도	느리다.
폐색 전선	한랭 전선과 온난 전선이 만나 겹쳐져서 생기는 전선		
정체 전선	세력이 비슷한 두 기단이 한곳에 오랫동안 머무르면서 생기는 전선		

❸ 기압과 날씨

1. 고기압: 주변보다 기압이 높은 곳
2. 저기압: 주변보다 기압이 낮은 곳

구분	고기압	저기압
바람(북반구)	시계 방향으로 불어 나간다.	시계 반대 방향으로 불어 들어간다.
중심부	하강 기류 발달	상승 기류 발달
날씨	구름이 없고 날씨가 맑음	구름 형성, 흐리거나 비 또는 눈

3. 온대 저기압: 중위도 지방에서 자주 발생하는 저기압
　(1) 중심에서 남서쪽에는 한랭 전선, 남동쪽에는 온난 전선이 형성된다.
　(2) 날씨의 특징: A−B−C의 순서로 전선이 통과하면서 날씨가 변한다.

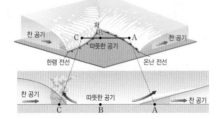

구분	A 지역	B 지역	C 지역
기온	낮다.	높다.	낮다.
날씨	지속적인 비	맑음	소나기성 비

❹ 날씨 변화

1. 일기도: 여러 지역의 동일 시각 대기 상태를 수집하여 한눈에 알아보기 쉽게 작성한 지도
2. 우리나라 계절별 일기도

구분	봄철	여름철	가을철	겨울철
특징	이동성 고기압과 저기압이 자주 지나간다.	남고북저형 기압 배치	이동성 고기압과 저기압이 자주 지나간다.	서고동저형 기압 배치
일기도				

1 등속 운동과 자유 낙하 운동

❶ 운동의 기록

1. 속력: 단위시간(1초, 1분, 1시간) 동안 물체가 이동한 거리

$$속력 = \frac{이동\ 거리}{걸린\ 시간}\ (단위:\ m/s,\ km/h)$$

2. 운동의 기록

(1) 일정한 시간 간격으로 찍은 사진의 분석: 물체 사이의 간격이 넓을수록 속력이
빠르다.

→ 운동 방향

물체 사이의 간격이 점점 줄어드는 것을 통해
속력이 느려지는 것을 알 수 있다.

(2) 시간 – 이동 거리 그래프로부터 물체의 빠르기를 비교할 수 있다.
  • 그래프의 기울기는 물체의 속력을 의미한다.

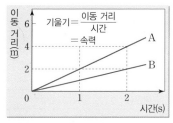

A의 속력은 B의
2배이다.

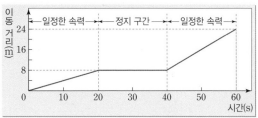

❷ 등속 운동과 자유 낙하 운동

1. 등속 운동: 운동하는 물체의 속력이 일정한 운동
- 시간에 따라 이동 거리가 일정하게 증가한다.

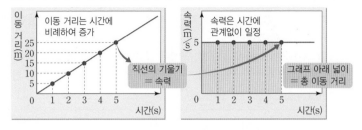

2. 자유 낙하 운동: 정지해 있던 물체가 중력만을 받아 아래로 떨어지는 운동
(1) 물체의 종류에 관계없이 속력이 매초 9.8 m/s씩 일정하게 증가한다.
(2) 일정한 시간 동안 이동한 거리가 점점 늘어난다.

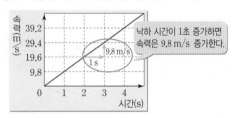

(3) 물체에 작용하는 중력의 크기 = 9.8 × 질량

3. 서로 다른 두 물체의 낙하

공기 중에서 낙하 하는 경우	진공에서 낙하 하는 경우
공기 저항을 많이 받는 깃털이 더 늦게 낙하한다.	공기 저항을 받지 않아 두 물체가 같이 낙하한다.

② 일과 에너지

❸ 일과 에너지의 관계

1. 일의 정의

(1) 과학에서의 일: 물체에 힘을 작용하여 물체가 힘의 방향으로 이동한 경우 물체에 일을 한 것이다.

⑩ 물체를 위로 들어 올릴 때, 책상에 힘을 작용하여 밀 때

(2) 일의 양: 물체에 작용한 힘의 크기와 물체가 힘의 방향으로 이동한 거리를 곱하여 구한다.

> 일(W)＝힘(F)×힘의 방향으로 이동한 거리(s)

(3) 일의 단위: J(줄)을 사용한다.
  • 1 J은 물체에 1 N의 힘을 작용하여 1 m만큼 이동한 경우 한 일이다.
  (1 N×1 m＝1 N·m＝1 J)

2. 에너지: 일을 할 수 있는 능력
  • 에너지의 단위: 일의 단위와 같은 J(줄)을 사용한다.

3. 일과 에너지의 관계: 물체에 일을 해 주면 물체의 에너지는 증가하고, 에너지를 가진 물체가 일을 하면 물체의 에너지는 감소한다.

수레에 힘을 작용하여 일을 할 때	운동하는 수레가 다른 물체에 일을 할 때

수레의 운동 에너지가 증가한다.	수레의 운동 에너지가 감소한다.

❹ 위치 에너지와 운동 에너지

1. (중력에 의한) 위치 에너지: 높은 곳에 있는 물체가 가지는 에너지

(1) 위치 에너지의 크기: E_p(위치 에너지)$=9.8 \times m$(질량)$\times h$(높이)

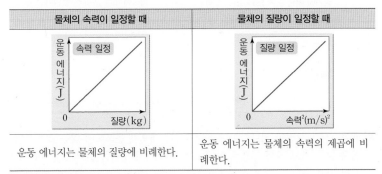

물체의 질량이 일정할 때	물체의 높이가 일정할 때
위치 에너지는 기준면으로부터 물체의 높이에 비례한다.	위치 에너지는 물체의 질량에 비례한다.

(2) **중력에 대해 한 일과 위치 에너지:** 물체에 힘을 작용하여 들어 올리는 일을 하면 물체의 위치 에너지가 증가한다.
  - 중력에 대해 한 일=무게×높이=9.8×질량×높이
    =중력에 의한 위치 에너지

2. 운동 에너지: 운동하는 물체가 가지는 에너지

(1) 운동 에너지의 크기: E_k(운동 에너지)$=\dfrac{1}{2} \times m$(질량)$\times v^2$(속력의 제곱)

물체의 속력이 일정할 때	물체의 질량이 일정할 때
운동 에너지는 물체의 질량에 비례한다.	운동 에너지는 물체의 속력의 제곱에 비례한다.

(2) **중력과 운동 에너지:** 물체가 자유 낙하 할 때 중력이 한 일만큼 운동 에너지가 증가한다.
  - 중력이 한 일=무게×낙하 거리(높이)=9.8×질량×높이=운동 에너지

① 감각 기관

❶ 시각

1. 시각: 눈에서 빛을 자극으로 받아들여 사물의 모양, 색깔, 거리 등을 느끼는 감각

2. 눈의 구조와 기능

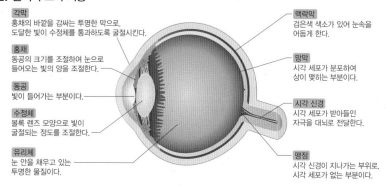

각막
홍채의 바깥을 감싸는 투명한 막으로, 도달한 빛이 수정체를 통과하도록 굴절시킨다.

홍채
동공의 크기를 조절하여 눈으로 들어오는 빛의 양을 조절한다.

동공
빛이 들어가는 부분이다.

수정체
볼록 렌즈 모양으로 빛이 굴절되는 정도를 조절한다.

유리체
눈 안을 채우고 있는 투명한 물질이다.

맥락막
검은색 색소가 있어 눈속을 어둡게 한다.

망막
시각 세포가 분포하여 상이 맺히는 부분이다.

시각 신경
시각 세포가 받아들인 자극을 대뇌로 전달한다.

맹점
시각 신경이 지나가는 부위로, 시각 세포가 없는 부분이다.

3. 시각의 전달 경로: 빛 → 각막 → 동공 → 수정체 → 유리체 → 망막(시각 세포) → 시각 신경 → 대뇌

4. 눈의 조절 작용

밝기에 따른 눈의 변화(명암 조절)		거리에 따른 눈의 변화(원근 조절)	
어두울 때	밝을 때	가까운 곳을 볼 때	먼 곳을 볼 때
홍채 ➡ 축소됨	홍채 ➡ 확장됨		
동공 ➡ 커짐	동공 ➡ 작아짐	수정체의 두께가 두꺼워짐	수정체의 두께가 얇아짐

5. 맹점: 시각 신경이 지나가는 부위로, 시각 세포가 분포하지 않는 부위이다. 오른쪽 눈을 감고 왼쪽 눈으로 아래 그림을 보면서 숫자를 읽어가다 보면 토끼가 사라진다. 맹점은 코 쪽에 분포하고 있기 때문에 이 그림에서는 왼쪽 눈을 감고 오른쪽 눈으로 볼 때는 맹점을 알 수 없다.

❷ 피부 감각

1. 피부 감각: 물리적 자극이나 온도 변화가 자극이 되어 느끼는 감각

2. 피부 감각점의 종류

감각점	특징
통점(아픔)	열, 강한 압력, 화학 물질 등을 감지
촉점(접촉)	약한 접촉 자극에도 매우 민감
압점(압력)	피부 깊숙이 분포하며, 압력을 감지
온점(따뜻함)	온도가 높아지는 변화를 감지
냉점(차가움)	온도가 낮아지는 변화를 감지

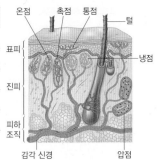

3. 피부 감각의 전달 경로: 물리적 자극이나 온도 변화 → 피부(감각점) → 감각 신경 → 대뇌

❸ 청각과 평형 감각

1. 청각: 공기 등을 통해 전달된 소리(음파)를 자극으로 받아들여 느끼는 감각

2. 귀의 구조와 기능

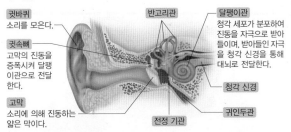

3. 청각의 전달 경로: 소리 → 귓바퀴 → 고막 → 귓속뼈 → 달팽이관(청각 세포) → 청각 신경 → 대뇌

4. 평형 감각: 반고리관(회전 감각), 전정 기관(중력에 대한 몸의 기울어짐이나 위치 변화를 감지)

① 감각 기관

❹ 후각

1. 후각: 기체 상태의 화학 물질이 자극이 되어 냄새를 느끼는 감각

2. 후각 상피와 후각 세포: 콧속 천장의 후각 상피에 후각 세포가 분포한다.

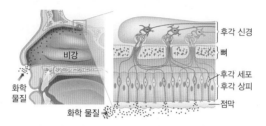

3. 후각의 전달 경로: 기체 상태의 화학 물질 → 후각 상피(후각 세포) → 후각 신경 → 대뇌

4. 후각의 특징: 후각 세포는 쉽게 피로해지기 때문에 같은 냄새를 계속 맡으면 그 냄새를 잘 맡지 못한다.

❺ 미각

1. 미각: 액체 상태의 화학 물질이 자극이 되어 맛을 느끼는 감각

2. 맛세포: 혀 표면의 작은 돌기(유두) 옆 부분에 있는 맛봉오리에 존재한다.

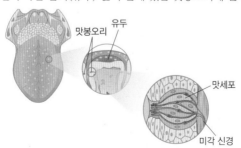

3. 미각의 전달 경로: 액체 상태의 화학 물질 → 유두 → 맛봉오리(맛세포) → 미각 신경 → 대뇌

4. 기본 맛: 단맛, 짠맛, 쓴맛, 신맛, 감칠맛

② 뉴런과 신경계

❶ 뉴런의 구조와 종류

1. 뉴런: 신경계를 이루고 있는 신경 세포

2. 뉴런의 구조: 가지 돌기, 신경 세포체, 축삭 돌기로 구성된다.

3. 뉴런의 종류: 기능에 따라 감각 뉴런, 연합 뉴런, 운동 뉴런으로 구분한다.

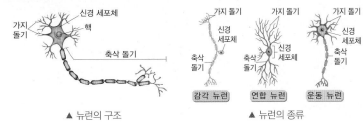

▲ 뉴런의 구조　　　　　　　▲ 뉴런의 종류

(1) **감각 뉴런:** 가지 돌기 발달, 감각기에서 받아들인 자극을 연합 뉴런으로 전달한다.

(2) **연합 뉴런:** 짧은 가지 돌기 발달, 감각 뉴런과 운동 뉴런을 연결한다.

(3) **운동 뉴런:** 긴 축삭 돌기 발달, 연합 뉴런의 명령을 반응기로 전달한다.

❷ 자극의 전달 방향과 경로

1. 자극의 전달 방향

(1) 뉴런 내에서의 자극 전달 방향: 가지 돌기 → 축삭 돌기

(2) 뉴런과 뉴런 사이에서의 자극 전달 방향: 축삭 돌기 → 다른 뉴런의 가지 돌기 또는 신경 세포체

2. 자극의 전달 경로: 자극 → 감각기 → 감각 뉴런 → 연합 뉴런 → 운동 뉴런 → 반응기 → 반응

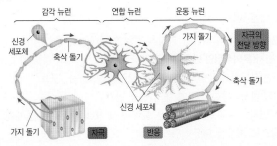

② 뉴런과 신경계

❸ 중추 신경계

1. 중추 신경계: 뇌와 척수로 구성되며, 감각기에서 받아들인 자극을 판단하고 반응할 수 있도록 명령한다.

2. 중추 신경계의 구성

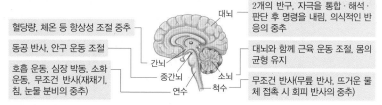

혈당량, 체온 등 항상성 조절 중추

동공 반사, 안구 운동 조절

호흡 운동, 심장 박동, 소화 운동, 무조건 반사(재채기, 침, 눈물 분비의 중추)

간뇌

중간뇌

연수

대뇌

소뇌

척수

2개의 반구, 자극을 통합·해석·판단 후 명령을 내림. 의식적인 반응의 중추

대뇌와 함께 근육 운동 조절, 몸의 균형 유지

무조건 반사(무릎 반사, 뜨거운 물체 접촉 시 회피 반사의 중추)

❹ 말초 신경계

1. 말초 신경계: 기능상 감각 신경과 운동 신경으로 구성되며, 구조상 12쌍의 뇌신경과 31쌍의 척수 신경으로 구성된다.

(1) **감각 신경:** 감각기에서 받아들인 자극을 중추 신경계로 전달한다.

(2) **운동 신경:** 중추 신경계의 명령을 반응기로 전달한다.

2. 운동 신경의 구분

(1) **체성 신경계:** 대뇌의 명령을 팔이나 다리 몸의 근육으로 전달하여 몸을 움직이는 데 관여한다.

(2) **자율 신경계:** 교감 신경과 부교감 신경으로 구성된다.

⟨교감 신경과 부교감 신경의 기능⟩

구분	동공	침 분비	심장 박동	소화 작용	호흡 운동
교감 신경	확대	억제	촉진	억제	촉진
부교감 신경	축소	촉진	억제	촉진	억제

❺ 자극에 대한 반응 경로

1. 의식적인 반응: 대뇌의 판단 과정을 거쳐 일어나는 반응

2. 무조건 반사(무의식적인 반응)

(1) **연수 반사:** 침과 눈물의 분비, 재채기, 기침, 하품, 구토

(2) **중간뇌 반사:** 동공의 크기 변화(동공 반사)

(3) **척수 반사:** 무릎 반사, 뜨거운 물체에 닿거나 날카로운 물체에 찔렸을 때 순간적으로 피하는 행동

3 호르몬과 항상성

❶ 호르몬

1. 호르몬: 내분비샘에서 분비되는 생리 작용 조절 물질
2. 호르몬의 특성
(1) 내분비샘에서 만들어진다.
(2) 혈액을 통해 온몸으로 전달된다.
(3) 표적 세포 또는 표적 기관에 작용한다.
(4) 적은 양으로 생리 작용을 조절한다. ➡ 많을 시 과다증, 부족 시 결핍증
3. 호르몬의 종류와 기능

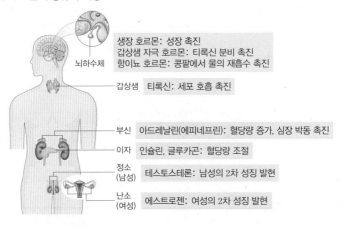

뇌하수체
생장 호르몬: 성장 촉진
갑상샘 자극 호르몬: 티록신 분비 촉진
항이뇨 호르몬: 콩팥에서 물의 재흡수 촉진

갑상샘 티록신: 세포 호흡 촉진

부신 아드레날린(에피네프린): 혈당량 증가, 심장 박동 촉진
이자 인슐린, 글루카곤: 혈당량 조절
정소(남성) 테스토스테론: 남성의 2차 성징 발현
난소(여성) 에스트로젠: 여성의 2차 성징 발현

❷ 호르몬과 신경의 비교

구분	호르몬	신경
전달 매체	혈액	뉴런
작용 시간과 효과	효과가 다소 느리게 나타나며, 그 효과는 오래 지속됨	효과가 매우 빠르게 나타나고, 효과가 일시적으로 나타났다가 곧 사라짐
작용 범위	혈관을 통해 온몸으로 퍼져 나가 모든 표적 세포에 영향을 주므로 신경에 비해 작용 범위가 넓음	신경이 연결된 부위에서만 효과가 나타나므로 호르몬에 비해 작용 범위가 좁음
반응의 종류	성장, 발달 등과 같이 광범위하고 지속적인 반응 조절에 관여함	갑작스런 환경 변화에 대한 즉각적이고 신속한 반응 조절에 관여함

❸ 호르몬과 항상성

❸ 항상성

1. **항상성:** 체내외의 환경이 변하더라도 몸의 상태를 일정하게 유지하려는 성질
2. **항상성 유지:** 항상성은 호르몬과 신경에 의해 유지되며, 항상성 조절 중추는 간뇌이다.

❹ 항상성 조절의 예

1. **혈당량 조절:** 혈액 중 포도당의 양이 일정한 수준을 유지하도록 인슐린과 글루카곤 분비량이 조절된다.
2. **체온 조절:** 체온을 일정한 수준으로 유지하기 위해 체온 조절 중추인 간뇌의 명령에 따라 호르몬과 신경계의 상호 작용을 통해 열 발생량과 열 방출량을 조절한다.

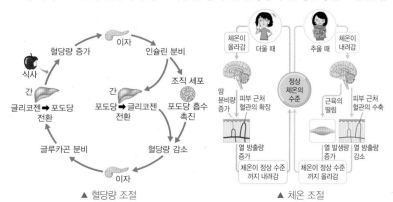

▲ 혈당량 조절   ▲ 체온 조절

3. **체내 수분량 조절**
   (1) **체내 수분량이 부족할 때:** 땀 분비 증가 → 체내 수분량 감소 → 간뇌에서 항이뇨 호르몬 분비 촉진 신호 → 항이뇨 호르몬 혈중 농도 증가 → 콩팥에서 물의 재흡수 촉진 → 오줌량 감소
   (2) **체내 수분량이 과다할 때:** 수분 과다 섭취 → 체내 수분량 과다 → 간뇌에서 항이뇨 호르몬 분비 억제 신호 → 항이뇨 호르몬 혈중 농도 감소 → 콩팥에서 물의 재흡수 감소 → 오줌량 증가

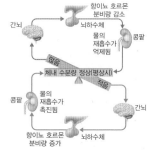

▲ 체내 수분량 조절

1 세포 분열

① 세포 분열

1. 세포 분열: 하나의 세포가 어느 정도 커진 다음, 2개의 세포로 나누어지는 것

2. 세포 분열이 필요한 까닭: 세포의 표면에서는 물질 교환이 일어나는데, 세포의 크기가 커지면 부피가 증가한 만큼 표면적이 증가하지 않아 물질 교환에 불리하다. ➡ 세포가 효율적인 물질 교환을 하기 위해서 세포 분열을 한다.

② 염색체

1. 염색체: 유전 물질(DNA)과 단백질로 구성된 구조물로, 분열 중인 세포에서 관찰된다.

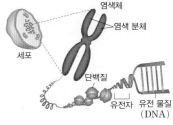

▲ 염색체, DNA, 유전자의 관계

(1) 분열 전에 DNA가 복제되므로 세포가 분열을 시작할 때 나타나는 염색체는 두 개의 염색 분체로 이루어져 있으며, 두 염색 분체는 동일한 유전 정보를 갖는다.

(2) 같은 종의 생물에서 체세포 1개당 염색체 수는 동일하다.

2. 상동 염색체: 체세포에 있는 모양과 크기가 같은 한 쌍의 염색체로, 부모로부터 하나씩 물려받은 것이다.

▲ 상동 염색체

3. 사람의 염색체: 체세포에는 46개(23쌍)의 염색체가 있다.

(1) **상염색체:** 남녀의 체세포에 공통으로 들어 있는 22쌍의 염색체

(2) **성염색체:** 성별을 결정하는 1쌍의 염색체로, 남성의 성염색체는 XY, 여성의 성염색체는 XX이다.

44(상염색체)+XY(성염색체)

44(상염색체)+XX(성염색체)

① 세포 분열

❸ 체세포 분열

1. 체세포 분열: 체세포 한 개가 두 개로 나누어지는 것

2. 체세포 분열 과정: 핵분열이 일어난 후 세포질 분열이 일어난다.

(1) 핵분열: 염색체의 모양과 행동에 따라 4단계(전기 → 중기 → 후기 → 말기)로 구분한다.

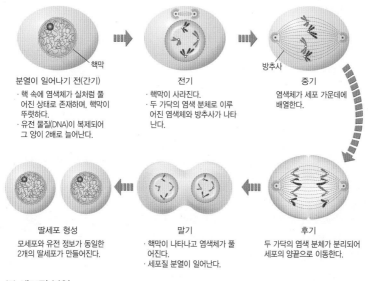

분열이 일어나기 전(간기)
· 핵 속에 염색체가 실처럼 풀어진 상태로 존재하며, 핵막이 뚜렷하다.
· 유전 물질(DNA)이 복제되어 그 양이 2배로 늘어난다.

핵막

전기
· 핵막이 사라진다.
· 두 가닥의 염색 분체로 이루어진 염색체와 방추사가 나타난다.

방추사

중기
염색체가 세포 가운데에 배열한다.

딸세포 형성
모세포와 유전 정보가 동일한 2개의 딸세포가 만들어진다.

말기
· 핵막이 나타나고 염색체가 풀어진다.
· 세포질 분열이 일어난다.

후기
두 가닥의 염색 분체가 분리되어 세포의 양끝으로 이동한다.

(2) 세포질 분열

① 동물 세포: 세포막이 바깥쪽에서 안쪽으로 밀려 들어가면서 세포질이 나누어진다.

② 식물 세포: 2개의 핵 사이에 안쪽에서 바깥쪽으로 세포판이 만들어지면서 세포질이 나누어진다.

세포판

▲ 동물 세포   ▲ 식물 세포

3. 체세포 분열 결과

(1) 1개의 모세포로부터 2개의 딸세포가 형성되며, 모세포와 딸세포의 염색체 수와 유전 정보는 같다.

(2) 분열 결과: 다세포 생물의 발생 및 생장, 재생, 단세포 생물의 생식

❹ 생식세포 형성 과정(감수 분열)

1. 감수 분열: 생식세포를 형성할 때 일어나는 세포 분열

2. 감수 분열 과정: 감수 1분열과 감수 2분열이 연속해서 일어난다.

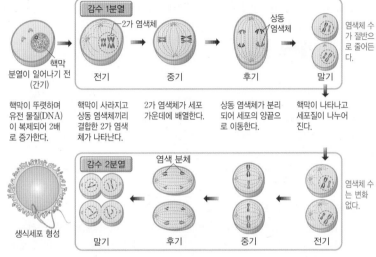

감수 1분열

분열이 일어나기 전 (간기) / 전기 / 중기 / 후기 / 말기 — 염색체 수가 절반으로 줄어든다.

핵막이 뚜렷하며 유전 물질(DNA)이 복제되어 2배로 증가한다.

핵막이 사라지고 상동 염색체끼리 결합한 2가 염색체가 나타난다.

2가 염색체가 세포 가운데에 배열한다.

상동 염색체가 분리되어 세포의 양끝으로 이동한다.

핵막이 나타나고 세포질이 나누어진다.

감수 2분열

생식세포 형성 / 말기 / 후기 / 중기 / 전기 — 염색체 수는 변화 없다.

딸세포는 정자 또는 난자가 된다.

염색체 수가 모세포의 절반인 4개의 딸세포가 형성된다.

두 가닥의 염색 분체가 분리되어 세포의 양끝으로 이동한다.

염색체가 세포 가운데에 배열한다.

· DNA가 복제되지 않고 2분열이 시작된다.
· 핵막이 사라진다.

3. 감수 분열 결과

(1) 1개의 모세포로부터 절반의 염색체를 갖는 4개의 딸세포가 형성된다.

(2) 암수 생식세포의 수정으로 태어난 자손의 염색체 수는 부모와 같아 세대를 거듭해도 염색체 수가 항상 일정하게 유지된다.

4. 체세포 분열과 감수 분열의 비교

구분	체세포 분열	감수 분열
분열 횟수	1회	연속 2회
2가 염색체 형성	형성되지 않음	형성됨
딸세포의 수	2개	4개
염색체 수의 변화	변화 없음	절반으로 줄어듦
분열 결과	생장, 재생	생식세포 형성

② 사람의 발생

❶ 수정과 발생

1. 수정: 생식세포인 정자와 난자가 결합하는 것

2. 발생: 수정란이 하나의 개체로 되기까지의 과정으로, 체세포 분열을 통해 여러 조직과 기관을 형성하여 개체가 된다.

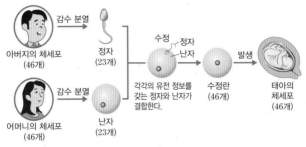

▲ 수정과 발생

3. 수정란의 초기 발생 과정

(1) **난할:** 수정란이 발생 초기에 빠르게 세포 분열을 하여 세포 수를 늘리는 과정

(2) 딸세포의 크기가 커지는 시기가 거의 없이 분열만 계속하므로 발생 초기 배아 전체의 크기는 수정란과 차이가 거의 없다.

(3) 난할을 거듭할수록 세포 수는 늘어나지만, 세포 하나의 크기는 점점 작아진다.

4. 사람의 발생

(1) **착상:** 난할을 거친 배아가 자궁 안쪽 벽에 파묻히는 것으로, 이 시기부터 임신했다고 한다.

(2) 착상 이후의 과정

① 주요 기관이 형성되어 사람의 모습을 갖춘 태아가 된다.

② 태아는 자궁에서 성장하다가 수정된 지 약 266일이 지나면 출산 과정을 거쳐 모체 밖으로 나온다.

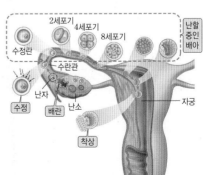

▲ 배란에서 착상이 되기까지의 과정

③ 멘델의 유전 원리

❶ 멘델의 유전 연구

1. 유전의 기본 용어

유전	부모의 형질이 자손에게 전달되는 현상
형질	씨 모양, 꽃잎 색깔과 같이 생물이 가지고 있는 고유한 특징
대립 형질	하나의 형질에 대해 뚜렷하게 대비되는 형질 📌 완두 씨 모양이 둥근 것과 주름진 것, 완두 씨 색깔이 노란색인 것과 초록색인 것
표현형	겉으로 드러나는 형질로 대립유전자에 의해 결정된다. 📌 둥글다, 주름지다, 노란색, 초록색
유전자형	대립유전자 구성을 기호로 나타낸 것 📌 RR, Rr, rr
순종	한 형질을 나타내는 대립유전자의 구성이 같은 개체 📌 RR, rr, RRyy
잡종	한 형질을 나타내는 대립유전자의 구성이 다른 개체 📌 Rr, RrYy

❷ 우성과 열성

1. 멘델의 실험

▲ 순종의 둥근 완두와 순종의 주름진 완두 교배

2. **우열의 원리:** 대립 형질이 다른 두 순종 개체를 교배하여 얻은 잡종 1대(자손 1대)에는 대립 형질 중 한 가지만 나타난다.

(1) **우성:** 대립 형질을 가진 순종의 개체끼리 교배했을 때 잡종 1대에서 나타나는 형질

(2) **열성:** 대립 형질을 가진 순종의 개체끼리 교배했을 때 잡종 1대에서 나타나지 않는 형질

③ 멘델의 유전 원리

❸ 분리의 법칙

1. 한 쌍의 대립 형질의 유전

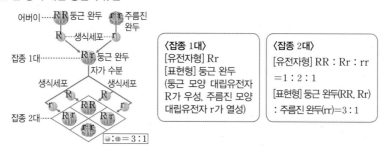

〈잡종 1대〉
[유전자형] Rr
[표현형] 둥근 완두
(둥근 모양 대립유전자
R가 우성, 주름진 모양
대립유전자 r가 열성)

〈잡종 2대〉
[유전자형] RR : Rr : rr
=1 : 2 : 1
[표현형] 둥근 완두(RR, Rr)
: 주름진 완두(rr)=3 : 1

2. 분리의 법칙: 생식세포를 만들 때 한 쌍의 대립유전자가 분리되어 서로 다른 생식세포로 들어가는 현상이다.

❹ 독립의 법칙

1. 두 쌍의 대립 형질의 유전

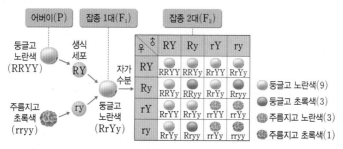

● 둥글고 노란색(9)
● 둥글고 초록색(3)
● 주름지고 노란색(3)
● 주름지고 초록색(1)

2. 독립의 법칙: 두 쌍 이상의 대립 형질이 함께 유전될 때 각각의 형질을 나타내는 대립유전자 쌍이 서로 영향을 주지 않고 분리의 법칙에 따라 독립적으로 유전되는 현상이다.

- 잡종 2대에서 둥근 완두 : 주름진 완두는 12 : 4=3 : 1로 나타나고, 노란색 완두 : 초록색 완두도 12 : 4=3 : 1로 나타난다. ➡ 완두 씨의 모양과 색깔은 서로 영향을 주지 않고 독립적으로 유전된다.

4 사람의 유전

❶ 사람의 유전 연구

1. 사람의 여러 가지 유전 형질

〈이마선 모양〉	〈엄지 모양〉	〈보조개〉	〈혀 말기〉	〈눈꺼풀〉	〈귓불 모양〉
V자형 · 일자형	굽은 엄지 · 굽지 않은 엄지	있음 · 없음	가능 · 불가능	쌍꺼풀 · 외까풀	분리형 · 부착형

▲ 사람의 여러 가지 유전 형질(대립 형질이 뚜렷한 경우)

2. 사람의 유전 연구 방법

(1) 가계도 조사: 특정 형질을 가진 집안을 여러 세대에 걸쳐 조사하여 형질을 연구한다.

(2) 쌍둥이 연구: 1란성 쌍둥이와 2란성 쌍둥이의 특정 형질을 비교 연구하여 유전과 환경의 영향을 연구한다.

(3) 최근의 유전 연구 방법: 통계 조사, 염색체와 DNA 분석 등

❷ 상염색체에 의한 유전

1. 상염색체 유전의 특징: 형질을 결정하는 유전자가 상염색체에 있으며, 성별에 따라 형질이 나타나는 빈도에 차이가 없다.

2. 사람의 상염색체 유전 형질

(1) 대립유전자가 2가지인 경우: 대립 형질이 뚜렷하며, 멘델의 분리의 법칙을 따른다. 환경의 영향을 거의 받지 않는다. **예** PTC 미맹, 이마선 모양, 눈꺼풀, 귓불 모양, 혀 말기 등

(2) 대립유전자가 3가지인 경우(복대립 유전)

> **ABO식 혈액형**
> · 한 쌍의 대립유전자에 의해 결정되며, 대립유전자의 종류는 A, B, O 3가지이다.
> · 대립유전자 O는 대립유전자 A와 B에 대해 열성이고, 대립유전자 A와 B는 우열 관계가 없다(A=B>O).
>
> | 표현형 | A형 | B형 | AB형 | O형 |
> |---|---|---|---|---|
> | 유전자형 | AA, AO | BB, BO | AB | OO |

④ 사람의 유전

❸ 성염색체에 의한 유전

1. 사람의 성 결정 방식: 부모로부터 물려받은 성염색체의 조합으로 성별이 결정된다.

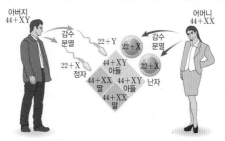

2. 반성유전(성염색체에 의한 유전): 형질을 결정하는 유전자가 성염색체에 존재하며, 남녀에 따라 형질이 나타나는 빈도에 차이가 있다. 예 적록 색맹, 혈우병 등

적록 색맹

- 형질을 결정하는 유전자가 X 염색체에 존재한다.
- 정상 대립유전자(X)는 색맹 대립유전자(X′)에 대해 우성이다(X > X′).
- 여자는 색맹 대립유전자(X′)가 2개 있어야 색맹이 되지만, 남자는 색맹 대립유전자(X′)가 1개만 있어도 색맹이 되므로 색맹은 여자보다 남자에게 더 많이 나타난다.
- 색맹 유전의 표현형과 유전자형

표현형		정상	색맹
유전자형	남자	XY	X′Y
	여자	XX, XX′(보인자)	X′X′

- 색맹 유전자의 전달
  - 아버지가 색맹(X′Y)이면 딸은 모두 색맹 대립유전자를 갖게 된다(XX′ 또는 X′X′).
  - 어머니가 색맹(X′X′)이면 아들은 항상 색맹(X′Y)이다.

▲ 색맹 유전자의 전달

1 역학적 에너지 전환과 보존

❶ 위로 던져 올린 물체의 역학적 에너지 전환

1. 역학적 에너지: 물체의 위치 에너지와 운동 에너지의 합

> 역학적 에너지＝위치 에너지＋운동 에너지

2. 역학적 에너지 전환: 중력을 받아 운동하는 물체는 위치 에너지와 운동 에너지가 서로 전환된다.

3. 위로 던져 올린 물체와 자유 낙하 하는 물체에서의 역학적 에너지 전환

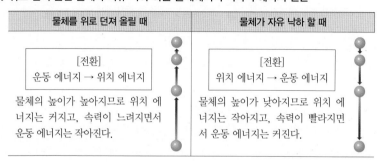

물체를 위로 던져 올릴 때	물체가 자유 낙하 할 때
[전환] 운동 에너지 → 위치 에너지 물체의 높이가 높아지므로 위치 에너지는 커지고, 속력이 느려지면서 운동 에너지는 작아진다.	[전환] 위치 에너지 → 운동 에너지 물체의 높이가 낮아지므로 위치 에너지는 작아지고, 속력이 빨라지면서 운동 에너지는 커진다.

❷ 주변에서 볼 수 있는 역학적 에너지 전환

1. 역학적 에너지 전환의 예: 운동하는 물체의 높이가 변할 때 역학적 에너지 전환이 일어난다.

2. 롤러코스터의 운동에서 역학적 에너지 전환

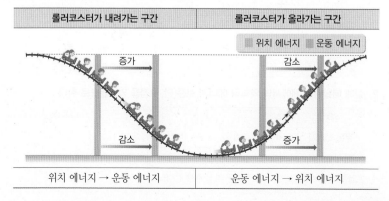

롤러코스터가 내려가는 구간	롤러코스터가 올라가는 구간
위치 에너지 → 운동 에너지	운동 에너지 → 위치 에너지

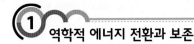

① 역학적 에너지 전환과 보존

❸ 위로 던져 올린 물체의 역학적 에너지 보존

1. 역학적 에너지 보존: 공기 저항이나 마찰이 없으면 물체의 역학적 에너지는 일정하다.

$$역학적 \ 에너지 = 위치 \ 에너지 + 운동 \ 에너지 = 9.8mh + \frac{1}{2}mv^2 = 일정$$

2. 물체를 위로 던져 올릴 때나 물체가 자유 낙하 할 때의 역학적 에너지 보존

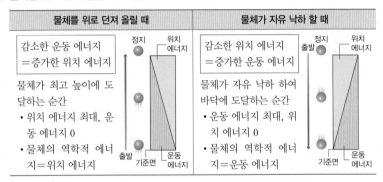

물체를 위로 던져 올릴 때	물체가 자유 낙하 할 때
감소한 운동 에너지 =증가한 위치 에너지 물체가 최고 높이에 도달하는 순간 • 위치 에너지 최대, 운동 에너지 0 • 물체의 역학적 에너지=위치 에너지	감소한 위치 에너지 =증가한 운동 에너지 물체가 자유 낙하 하여 바닥에 도달하는 순간 • 운동 에너지 최대, 위치 에너지 0 • 물체의 역학적 에너지=운동 에너지

3. 역학적 에너지 보존 법칙: 공기 저항이나 마찰이 없을 때 운동하는 물체의 역학적 에너지는 높이에 관계없이 항상 일정하게 보존된다.

❹ 주변에서 볼 수 있는 역학적 에너지 보존

1. 롤러코스터 운동에서 역학적 에너지 보존(단, C점을 기준면으로 한다.)

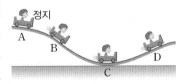

위치	A	B	C	D
운동 에너지	0	증가	최대	감소
위치 에너지	최대	감소	0	증가
역학적 에너지	모든 지점에서 같다.			

2. 실에 매달린 물체에서의 역학적 에너지 보존(단, O점을 기준면으로 한다.)

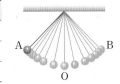

위치	A	→	O	→	B
운동 에너지	0	증가	최대	감소	0
위치 에너지	최대	감소	0	증가	최대
역학적 에너지	모든 지점에서 같다.				

② 전기 에너지 발생과 전환

❶ 전기 에너지의 발생과 전환

1. 전류의 발생

(1) 원리: 코일에 자석을 가까이 하거나 멀리 하면 코일에
전류가 흐른다.

(2) 에너지 전환: 역학적 에너지가 전기 에너지로 전환된다.

2. 발전과 발전기

(1) 발전: 역학적 에너지 등을 전기 에너지로 전환하는 것

(2) 발전기: 역학적 에너지를 이용하여 전기를 만드는 장치

3. 전기 에너지의 전환

(1) 열에너지: 전기난로, 전기밥솥, 토스터, 전기주전자, 전기다리미 등

(2) 빛에너지: 전구, 텔레비전, 컴퓨터 모니터, 휴대 전화의 화면 등

(3) 운동 에너지: 선풍기, 세탁기, 진공청소기, 에어컨 등

(4) 화학 에너지: 배터리 등

4. 에너지 보존 법칙: 에너지는 한 형태에서 다른 형태로 전환되지만 새로 생성되거나 소멸되지 않는다.

❷ 전기 에너지의 양

1. 소비 전력: 전기 기구가 1초 동안 소비하는 전기 에너지의 양

(1) 단위: W(와트), kW(킬로와트) 등

• 1 W: 1초 동안 1 J의 전기 에너지를 소비할 때의 소비 전력

(2) 소비 전력은 전기 에너지를 사용한 시간으로 나누어 구한다.

$$소비 \ 전력(W) = \frac{전기 \ 에너지(J)}{시간(s)}$$

2. 전력량: 전기 기구가 어느 시간 동안 사용한 전기 에너지의 양

(1) 단위: Wh(와트시), kWh(킬로와트시) 등

• 1 Wh: 1 W의 전력을 1시간 동안 사용했을 때의 전력량

(2) 전력량은 전기 기구의 소비 전력과 사용한 시간을 곱하여 구한다.

$$전력량(Wh) = 소비 \ 전력(W) \times 시간(h)$$

1 별의 특성

❶ 연주 시차와 별의 거리

1. 시차: 관측자가 떨어져 있는 두 지점에서 같은 물체를 바라보았을 때, 두 관측 지점과 물체가 이루는 각

(1) 물체는 관측 지점에 따라 멀리 있는 배경을 기준으로 위치가 달라 보인다.

    예 A와 B에서 나무를 보면 배경이 되는 건물이 달라진다.

A 위치에서 본 나무   A   시차   B   B 위치에서 본 나무

▲ 시차 측정

(2) 시차는 관측 지점과 물체 사이의 거리가 가까울수록 커지고, 관측 지점과 물체 사이의 거리가 멀수록 작아진다.

2. 연주 시차: 지구에서 별을 6개월 간격으로 측정한 시차의 $\frac{1}{2}$로, 단위는 ″(초)를 사용한다.

(1) 지구가 공전하여 A에서 B로 이동하면 별 S의 겉보기 위치가 달라진다. 즉, 별 S는 지구가 A에 있을 때에는 S_1에 있는 것처럼 보이지만, 6개월 후 지구가 B에 있을 때에는 S_2에 있는 것처럼 보인다.

(2) **연주 시차와 별까지의 거리:** 별까지의 거리는 연주 시차에 반비례한다.

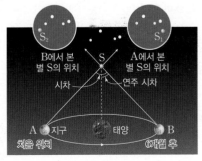

S_2 S_1

B에서 본   S   A에서 본
별 S의 위치   별 S의 위치

시차   연주 시차

A 지구   태양   B
처음 위치   6개월 후

▲ 별의 연주 시차

$$별의 \; 거리(pc) = \frac{1}{연주 \; 시차(″)}$$

❷ 별의 밝기

1. 빛을 내는 물체의 밝기에 영향을 주는 요소: 방출하는 빛의 양과 거리

2. 별의 밝기와 거리: 별까지의 거리가 2배, 3배, ……로 멀어지면 별빛이 비치는 면적은 2^2배, 3^2배, ……로 늘어난다. 같은 면적에서 받는 별빛의 양은 $\frac{1}{2^2}$배, $\frac{1}{3^2}$배, ……로 줄어든다.

➡ 별의 밝기는 $\frac{1}{2^2}$배, $\frac{1}{3^2}$배, ……로 어두워진다.

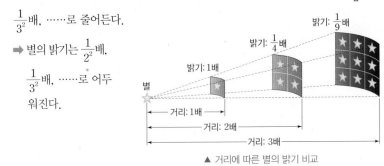

▲ 거리에 따른 별의 밝기 비교

$$별의\ 밝기 \propto \frac{1}{(별까지의\ 거리)^2}$$

3. 별의 밝기와 등급

(1) **별의 밝기 표시:** 히파르코스는 별의 밝기에 따라 6개의 등급으로 분류하였다.

(2) **별의 등급:** 밝은 별일수록 등급이 작고, 어두운 별일수록 등급이 크다.

① 1등급보다 밝은 별: 0등급, -1등급, ……

② 6등급보다 어두운 별: 7등급, 8등급, ……

4. 별의 등급 차에 따른 밝기 차

(1) 1등급은 6등급보다 약 100배 더 밝다.

➡ 5등급 간의 밝기 차이는 약 100배(≒2.5^5배)이다.

(2) 1등급 간의 밝기 차이는 약 2.5배이다.

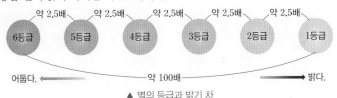

▲ 별의 등급과 밝기 차

별의 특성

❸ 겉보기 등급과 절대 등급

1. 겉보기 등급과 절대 등급

구분	겉보기 등급	절대 등급
정의	우리 눈에 보이는 별의 밝기 등급	별이 10 pc(32.6광년)의 거리에 있다고 가정했을 때의 별의 밝기 등급
특징	• 별까지의 거리는 고려하지 않았다. • 겉보기 등급이 작을수록 우리 눈에 밝게 보인다.	• 별의 실제 밝기이다. • 절대 등급이 작을수록 실제로 밝은 별이다.

2. 별의 등급과 거리 관계

겉보기 등급 < 절대 등급	10 pc보다 가까이 있는 별(A)
겉보기 등급 = 절대 등급	10 pc에 있는 별(B)
겉보기 등급 > 절대 등급	10 pc보다 멀리 있는 별(C)

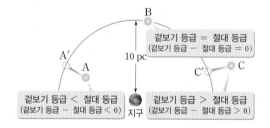

❹ 별의 색과 표면 온도

1. 별의 표면 온도에 따라 별의 색이 달라진다.

2. 표면 온도가 낮은 별일수록 붉은색을 띠고, 표면 온도가 높은 별일수록 파란색을 띤다.

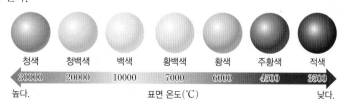

② 은하와 우주

❶ 우리은하

1. 은하: 수많은 별과 성단, 성운 등이 모여 있는 거대한 집단

2. 우리은하: 태양계가 속해 있는 은하

크기	지름이 약 10만 광년
태양계 위치	은하 중심에서 약 3만 광년 떨어진 나선팔에 위치
모양	• 옆에서 본 모습: 중심부가 약간 볼록한 원반 모양 • 위에서 본 모습: 중심부는 막대 모양, 막대 끝에 소용돌이치는 나선 모양의 팔이 있다.

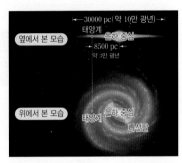

3. 은하수: 밤하늘을 가로지르는 희미한 띠 모양의 별의 집단으로, 우리나라(북반구)에서는 겨울철보다 여름철에 더 넓고 밝게 보인다.

❷ 성운과 성단

1. 성간 물질: 별과 별 사이의 넓은 공간에 퍼져 있는 가스와 먼지 등

2. 성운: 성간 물질이 모여 구름처럼 보이는 것

방출 성운	반사 성운	암흑 성운
성간 물질이 주변의 별빛을 흡수하여 가열되면서 스스로 빛을 내는 성운	성간 물질이 주변의 별빛을 반사하여 밝게 보이는 성운	성간 물질이 뒤쪽에서 오는 별빛을 차단하여 어둡게 보이는 성운

3. 성단: 수많은 별들이 모여 있는 집단

산개 성단	구상 성단
• 수십~수만 개의 별들이 엉성하게 모여 있다. • 고온의 청색을 띠는 별이 많다.	• 수만~수십만 개의 별들이 빽빽하게 공 모양으로 모여 있다. • 저온의 적색을 띠는 별이 많다.

▲ 방출 성운　　▲ 반사 성운　　▲ 암흑 성운　　▲ 산개 성단　　▲ 구상 성단

❷ 은하와 우주

❸ 외부 은하

1. 외부 은하: 우리은하 밖의 은하
2. 허블의 외부 은하 분류 기준: 모양

구분	타원 은하	정상 나선 은하	막대 나선 은하	불규칙 은하
모습				
특징	나선팔이 없고, 구형이나 타원 모양	은하 중심에서 나선팔이 휘어져 나온 모양	은하의 중심부에 막대 모양이 있고, 그 끝에서 나선팔이 휘어져 나온 모양	규칙적인 모양이 없다.

3. 우리은하는 막대 나선 은하에 해당한다.

❹ 우주 팽창

1. 팽창하는 우주
　(1) 허블은 대부분의 외부 은하들이 우리은하로부터 멀어지고 있다는 것을 알아냈다.
　(2) 멀리 있는 은하일수록 우리에게서 더 빨리 멀어진다. ➡ 우주가 팽창한다는 의미
　(3) 우주가 팽창한다는 것은 과거로 갈수록 우주가 점점 작아짐을 의미한다.
　(4) 팽창하는 우주에 특별한 중심은 없다.
　(5) 우주는 지금도 팽창하고 있다.

▲ 팽창하는 우주

2. 빅뱅(대폭발) 이론: 우주는 모든 물질과 에너지가 모인 한 점에서 대폭발과 함께 생겨났다.

❺ 우주 탐사

1. 우주 탐사의 방법

지상 망원경	우주 망원경	인공위성	우주 탐사선
지표면에서 우주를 관측	우주 공간에서 천체를 관측	지구나 다른 행성 주위를 도는 장치	천체 주위를 돌거나 착륙하여 관측

2. 우주 탐사의 성과

1950년대	최초의 인공위성인 스푸트니크 1호가 발사되었다.
1960년대	아폴로 11호가 달에 착륙하여 인간이 최초로 달을 탐사하였다.
1970년대	탐사선에 의해 행성 탐사가 활발하게 이루어졌다.
1980년대	우주 정거장, 우주 왕복선 등으로 탐사를 하게 되었다.
1990년대	허블 우주 망원경, 소호 위성 등 다양한 탐사 장비가 발사되었다.
2000년대	• 화성 탐사 로봇, 국제 우주 정거장 등이 사용되고 있다. • 2013년에 국내 로켓(나로호)의 발사가 성공하였다.

3. 우주 탐사의 의의와 우주 탐사가 인류에게 미치는 영향
(1) 우주와 지구에 대해 이해할 수 있다.
(2) 기술의 발전으로 다양한 직업, 학문, 산업 분야가 생성된다.
(3) 우주 탐사를 위해 개발된 첨단 기술이 일상생활에 적용된다.
(4) 우주 탐사 과정에서 생긴 우주 쓰레기로 피해를 입을 수 있다.

4. 우주 기술의 활용
(1) 기상 위성으로 일기 예보를 위한 정보를 얻는다.
(2) 통신 위성으로 방송, 통신 정보를 전달한다.
(3) 위성을 이용해 자신의 위치를 알 수 있다.
(4) 우주 기술이 일상생활에 활용되었다. 예 에어쿠션 신발, 휴대용 진공 청소기, 화재 경보기, 정수기, 형상 기억 합금 등

1 과학과 인류 문명

❶ 인류 문명 발달에 영향을 미친 과학 원리의 발견

1. 과학 원리: 사람들이 세상을 이해하는 방식을 변화시킴
➡ 과학기술 발달의 원동력

불의 이용	• 불을 이용하여 자연으로부터 금속을 얻는 기술이 발달함 • 생활에 필요한 철제 농기구, 철제 무기 생산 • 인류 생활 수준 향상
태양 중심설	• 태양이 우주의 중심이고 지구는 태양의 주위를 도는 천체 중 하나라는 이론 • 지구가 우주 중심이라고 생각했던 중세의 우주관이 바뀌기 시작함
세포의 발견	• 현미경을 이용하여 최초로 생물의 세포를 발견함 • 생물체를 작은 세포들이 모여 이루어진 존재로 인식하게 됨 • 생물체 인식 관점 변화
만유인력 법칙	• 질량을 가지고 있는 모든 물체는 서로 끌어당기는 힘이 작용한다는 법칙 • 자연 현상을 이해하고 그 변화를 예측할 수 있게 하여 과학 발전의 토대가 됨
전자기 유도 법칙	발전기가 만들어지고 전기를 생산하고 활용할 수 있게 됨

❷ 인류 문명 발달에 영향을 미친 과학기술

1. 과학기술의 발달

인쇄 분야	• 금속 활자를 이용한 활판 인쇄술이 전파되면서 책의 대량 생산이 가능하여 많은 사람이 책에서 다양한 지식을 얻게 됨 • 신학 중심의 사회에서 과학과 인간 중심 사회로 변함
교통 분야	• 산업 혁명을 통해 증기 기관을 이용한 기계를 사용하게 되어 제품을 대량 생산할 수 있게 됨 → 인류의 삶이 편리해짐 • 공업과 제조업 발달 → 도시 확대 등으로 사회 모습이 변함 • 증기 기관을 이용한 증기 기관차, 철도, 증기선이 개발되어 먼 곳까지 물건을 운반할 수 있게 되고, 교통수단이 발달하게 됨 • 항해술의 발달로 먼 대륙 간의 교역이 가능하게 되어 인류 생활이 향상됨

의료 분야	• 백신의 개발로 질병의 예방이 가능해지고, 항생제의 개발로 질병의 치료가 가능해짐 → 인류의 수명을 늘리는 데 큰 역할을 함
농업 분야	• 암모니아 합성법으로 질소 비료를 개발하고 사용함 → 식량 생산을 증대시키는 데 큰 역할을 함 • 생명 공학 기술을 이용하여 해충에 강한 농산물로 품종 개량 • 지능형 농장으로 농산물이 성장하기 좋은 환경을 자동으로 유지, 농산물의 생산량을 늘리고 품질을 높임
정보 통신 분야	• 다양한 전자 기기 발달로 원거리 통신이 가능해짐 • 인터넷을 통해 전 세계의 정보를 공유하게 되어 많은 정보를 쉽게 찾을 수 있음 → 인류의 문명과 생활 변화

2. 과학기술 발달의 의의

- 다양한 분야에 영향을 주어 인류 문명을 크게 변화시킴
- 인류의 사고방식을 변화시켜 인류의 생활을 편리하고 풍요롭게 만듦

❸ 과학기술과 공학적 설계

1. 미래 사회에 활용할 수 있는 기술

나노 기술	• 나노미터 크기의 작은 물질을 이용하여 다양한 소재나 제품을 만드는 기술로 제품의 소량화, 경량화가 가능해짐
생명 공학 기술	• 생물체의 특성과 기능을 활용하거나 생물체를 인위적으로 조작하여 이용하는 기술 • 식량 문제 해결, 유용한 의약품 개발(바이오 의약품), 질병 치료 방법 개발 등
정보 통신 기술	다양한 전자 기기가 개발되고 다양한 사물이 통신망으로 연결되고 있음

2. 공학적 설계: 새로운 제품이나 시스템을 개발하거나 기존 제품을 개선하는 창의적인 설계 과정

문제점 인식 및 목표 설정하기 ➡ 정보 수집하기 ➡ 다양한 해결책 탐색하기 ➡ 해결책 분석 및 결정하기

➡ 설계도 작성하기 ➡ 제품 제작하기 ➡ 평가 및 개선하기

Memo

세상에 없던 새로운 공부법

EBS 중학

뉴런

| 과학 3 |

미니북